Buch

Viele Dinge, die uns, unseren Mitmenschen und der Umwelt letztlich gar nicht guttun, machen wir aus purer Gewohnheit. Die Lebensqualität bleibt dabei jedoch häufig auf der Strecke. Elaine St. James möchte mit diesem Buch grundsätzlich zum Umdenken anregen. Beispielhaft zeigt sie anhand von 100 ganz einfach umzusetzenden Schritten, wie in die verschiedenen Lebensbereiche mehr Lebensfreude, Kreativität und Zufriedenheit einfließen können.
Der Witz dieses klugen Ratgebers besteht darin, daß es die alltäglichen Dinge sind, die den Unterschied machen, und nicht mühsam ausgetüftelte, schwer einzuhaltende gute Vorsätze.

Autorin

Elaine St. James hat sich aus dem Leben einer aktiven Geschäftsfrau zurückgezogen und beschäftigt sich mit der heilsamen Rückkehr zu einem einfacheren und trotzdem erfüllteren inneren und äußeren Leben.

ELAINE ST. JAMES

Zurück zum Selbst

100 Schritte zu einem erfüllten Leben in einer überfüllten Welt

Aus dem Amerikanischen
von Susanne Kahn-Ackermann

GOLDMANN VERLAG

Die Originalausgabe erschien unter dem Titel
»Simplify Your Life« bei Hyperion, New York

Deutsche Erstausgabe

Der Goldmann Verlag
ist ein Unternehmen der Verlagsgruppe Bertelsmann

Deutsche Erstausgabe Dezember 1996
© 1996 der deutschsprachigen Ausgabe
Wilhelm Goldmann Verlag, München
© 1994 der Originalausgabe Elaine St. James
Umschlaggestaltung: Design Team München
Satz: DTP im Verlag
Druck: Elsnerdruck, Berlin
Verlagsnummer: 13210
Lektorat: Olivia Baerend
Redaktion: Marion Schön
KF · Herstellung: Sebastian Strohmaier
Made in Germany
ISBN 3-442-13210-X

3 5 7 9 10 8 6 4 2

Für Wolcott Gibbs, Jr.
Und für Michelle und Bill, Jessie und Megan,
und Lisa und Eric

Inhalt

Danksagung   12

Einleitung   13

IHR HAUSHALT

1. Entrümpeln Sie Ihr Leben   20

2. Machen Sie sich Daves Entrümpelungssystem zunutze   22

3. Hausputz im Eiltempo   23

4. Reduzieren Sie den Zeitaufwand für Ihre Lebensmitteleinkäufe um die Hälfte   25

5. Kaufen Sie Großpackungen   27

6. Pflanzen Sie Ihr Gemüse selbst an   29

7. Erledigen Sie alle Ihre Besorgungen an einem Ort   31

8. Reduzieren Sie Ihren Wäscheberg um die Hälfte   33

9. Kaufen Sie keine Kleidung mehr, die chemisch gereinigt
   werden muß   36

10. Lassen Sie Ihre Schuhe vor der Haustür stehen   38

11. Legen Sie sich gemusterte Teppiche zu   40

12. Benutzen Sie Tabletts   42

13. Lassen Sie Ihre Pflanzen draußen im Freien   44

14. Nehmen Sie Abschied von Ihrem gepflegten Rasen   46

15. Vereinfachen Sie zumindest die Rasenpflege   48

16. Die vereinfachte Haltung von Haustieren   49

17. Umziehen leichtgemacht   51

18. Reduzierung von Abfall durch eine einfachere Lebensweise   54

IHR LEBENSSTIL

19. Ziehen Sie in ein kleineres Haus
    oder eine kleinere Wohnung um   58

20. Fahren Sie einen einfachen Wagen   60

21. Verkaufen Sie das verdammte Boot   62

22. Legen Sie sich eine einfache Garderobe zu   63

23. Schränken Sie Ihre Freizeitaktivitäten ein   65

24. Gestalten Sie Ihre Abendessen weniger zeitaufwendig   67

25. Schalten Sie den Fernseher ab   69

26. Reduzieren Sie Ihren Postmüll   71

27. Bestellen Sie Ihre Zeitschriften ab   73

28. Bestellen Sie Ihre Tageszeitungen ab   75

29. Stellen Sie die »Bitte warten«-Schaltung ab   77

30. Gehen Sie nicht ans Telefon, nur weil es klingelt   78

31. Gehen Sie auch nicht an die Tür, nur weil es klingelt   80

32. Schaffen Sie Ihr Autotelefon ab   82

33. Wenn Sie Familienfeste nicht mögen, dann gehen Sie nicht hin   84

34. Verschicken Sie keine Weihnachts- und Neujahrsgrüße mehr   87

35. Schenken leichtgemacht   89

36. Das Geheimnis des Reisens mit wenig Gepäck   91

37. Machen Sie zu Hause Urlaub   94

IHRE FINANZEN

38. Werden Sie Ihre Schulden los   98

39. Leben Sie von der Hälfte Ihres Einkommens
    und legen Sie die andere Hälfte auf die Seite   100

40. Überdenken Sie Ihr Konsumverhalten   102

41. Verändern Sie Ihr Kaufverhalten   104

42. Schränken Sie Ihre Bedürfnisse an Gütern
    und Dienstleistungen ein   106

43. Trennen Sie sich von allen Ihren Kreditkarten,
behalten Sie höchstens eine einzige 108

44. Halten Sie die Zahl Ihrer Bankkonten möglichst klein 110

45. Benutzen Sie dieses einfache Kontrollsystem für Einzahlungen
und Scheckausstellungen 112

46. Verschaffen Sie sich einen Überblick über Ihre Geldanlagen 114

47. Tragen Sie Ihre Hypothek ab 116

48. Kaufen Sie beim nächstenmal einen Gebrauchtwagen 118

49. Lehren Sie Ihre Kinder, wie man mit Geld richtig umgeht 120

IHRE ARBEIT

50. Hören Sie auf, Sklave Ihres Terminkalenders zu sein 124

51. Arbeiten Sie da, wo Sie wohnen, oder wohnen Sie da,
wo Sie arbeiten 126

52. Tun Sie das, was Sie wirklich tun wollen 128

53. Machen Sie Ihr Hobby zu Ihrem Beruf 130

54. Arbeiten Sie weniger und genießen Sie Ihre Arbeit mehr 132

55. Hören Sie mit der »Geschäftigkeit« auf 134

56. Beziehen Sie Ihre Familie in Ihr Arbeitsleben ein 136

IHRE GESUNDHEIT

57. Vereinfachen Sie Ihre Eßgewohnheiten 140

58. Teilen Sie sich stets die Mahlzeiten im Restaurant 142

59. Legen Sie einmal in der Woche einen Obst- oder Safttag ein 144

60. Trinken Sie hauptsächlich Wasser 146

61. Essen Sie Muffins 148

62. Machen Sie sich Ihr eigenes Lunchpaket zurecht 151

63. Halten Sie sich von Trimmgeräten fern,
entlassen Sie Ihren privaten Fitneßtrainer
und machen Sie statt dessen einen Spaziergang 154

64. Stehen Sie eine Stunde früher als sonst auf 157

65. Gehen Sie einmal in der Woche um neun Uhr abends
ins Bett 159

66. Werfen Sie mit Ausnahme einer Schmerztablette
alles aus Ihrer Hausapotheke raus 161

67. Schaffen Sie sich Ihren eigenen Lebensrhythmus 163

68. Lernen Sie zu lachen 164

69. Lernen Sie Yoga 166

70. Lernen Sie zu meditieren 168

71. Drosseln Sie Ihre Geschwindigkeit beim Autofahren 170

IHR PRIVATLEBEN

72. Denken Sie über Ihre zwischenmenschlichen
Beziehungen nach 172

73. Seien Sie einfach Sie selbst 174

74. Vertrauen Sie auf Ihre Intuition 175

75. Wenn sich eine Sache nicht gut anläßt,
dann lassen Sie sie bleiben 177

76. Hören Sie damit auf, Leute ändern zu wollen 179

77. Verbringen Sie einen Tag im Monat in Einsamkeit 180

78. Lehren Sie Ihre Kinder die Freuden
des Mit-sich-Alleinseins 182

79. Begeben Sie sich einmal im Jahr in Klausur 184

80. Führen Sie ein Tagebuch 186

81. Machen Sie immer nur eine Sache auf einmal 187

82. Tun Sie nichts 189

83. Nehmen Sie sich Zeit, den Sonnenuntergang zu beobachten 191

84. Sagen Sie einfach »nein« 192

85. Nehmen Sie Ausreden zu Hilfe, wenn Sie nicht »nein«
sagen können 193

86. Ziehen Sie sich aus allen Organisationen zurück,
deren Treffen Sie mit Horror erfüllen 195

87. Lernen Sie, die Vergangenheit neu zu interpretieren 197

88. Verändern Sie Ihre Erwartungen an das Leben   198

89. Überprüfen Sie Ihr Leben regelmäßig,
um es einfach zu halten   200

VORSCHLÄGE SPEZIELL FÜR FRAUEN

90. Zehn Minuten reichen, um geradezu umwerfend
auszusehen.   204

91. Entledigen Sie sich Ihrer Schuhe mit hohen Absätzen –
für immer   207

92. Entfernen Sie Ihre künstlichen Fingernägel
und werfen Sie die Nagellackfläschchen weg   209

93. Hören Sie auf, eine übergroße Handtasche
mit sich herumzuschleppen   210

94. Beschränken Sie Ihre Accessoires auf ein Minimum   211

AUF DEN PUNKT GEBRACHTE EINFACHHEIT

95. Mieten Sie, statt zu besitzen   214

96. Werden Sie Ihre Autos los   216

97. Schaffen Sie Ihr Telefon ab   218

98. Hören Sie auf, das Bett zu machen   220

99. Werden Sie alle Zweitgegenstände los   221

100. Legen Sie sich eine *sehr* einfache Garderobe zu   223

Danksagung

Folgenden Personen schulde ich Dank: Marcia Burtt, Dave Sowle, Marisa Kennedy Miller, Jackie Powers, Judy Babcock, Jim Cummings, Meg Torbert, Linda Miller, Albert Chiang und Ira Weinstein, ohne die dieses Buch nicht entstanden wäre. Nicht zu vergessen Felix Fusco, Sue Pettengill, Cyndy Van der Poel, Hope Kores, Kathy McDonough, Beverly Brennan, meine Mutter Dorothy Kennedy und meine Lieblingstante Kathleen Schiffler, die mir stets mit Rat und Tat zur Seite standen. Auch möchte ich Sam Vaughan für seinen Rat, seine Inspiration und dafür danken, daß er mich mit meiner wundervollen Agentin Jane Dystel zusammenbrachte. Ganz besonderer Dank gebührt jedoch meinem Mann Wolcott Gibbs Jr.

Einleitung

> Laßt euer Lebensschifflein leicht dahintuckern, nur mit dem Nötigsten beschwert! Ein kuscheliges Nest mit seinen stillen Freuden, mit ein oder zwei Freunden dieses Namens wert; jemand, den ihr liebt, und jemand, der euch liebt! Eine Katze, ein Hund, eine Pfeife oder zwei; genug Kleidung und Nahrung; und etwas mehr als genug zu trinken – denn Durst ist gefährlich!
>
> – JEROME KLAPKA JEROME

Als ich vor Jahren gelangweilt an meinem Schreibtisch vor meinem Zeitplaner saß, mußte ich mit Erstaunen feststellen, daß dieses Zeitmanagementsystem beinahe die Dimension des Staates von Nebraska annahm. Das Ding quoll über mit »Aktivitäten«-Listen, Telefonnummern, Terminen, Kalendarien, Systemen, Tabellen und Maßnahmen zur Optimierung von Konferenzabläufen, Besprechungen und Arbeitszielen und mit Lebensplanern über fünf und zehn Jahre hinweg. Und plötzlich wurde mir klar, daß ich ein derartig kompliziertes Leben nicht mehr wollte.

Ich griff sofort zum Telefon und buchte einen Klausuraufenthalt für ein langes Wochenende. Mein Zeitmanagementsystem ließ ich zu Hause, dafür nahm ich einen Notizblock mit. Es gab eine Menge Dinge, über die ich nachdenken mußte.

Wie so viele meiner Generation hatten auch mein Mann Gibbs und ich uns die Philosophie der 80er Jahre zu eigen gemacht, welche besagt: Je größer, desto besser, und noch mehr ist noch besser. Wir besaßen ein großes Haus, ein großes Auto, die meisten der üblichen Annehmlichkeiten und viele der Spielzeuge, die zum typischen Lebensstil eines Yuppies gehörten. Dazu merkten wir allmählich, daß viele dieser Dinge nicht zu einem besseren Lebensgefühl beitrugen, sondern das Leben nur weitaus komplizierter machten, als wir uns einzugestehen bereit waren. Wir hatten immer gewußt, daß wir es den Müllers von nebenan eigentlich nicht unbedingt gleichtun mußten, doch dann konnten wir uns einfach nicht mehr der Tatsache verschließen, daß ein Lunch zum Aufbau und zur Erhaltung von Karrierechancen und Status nur eines einbringt, nämlich Verdauungsstörungen. Es war an der Zeit, die Überholspur unseres Lebensweges zu verlassen.

In den nächsten Tagen saß ich mit mir allein in der friedlichen Idylle des Wochenendhauses und überlegte mir, wie wir unsere Lebensqualität verbessern und zugleich unser Leben nicht noch mehr komplizieren konnten. Als ich wieder nach Hause kam, setzte ich mich mit Gibbs hin, und wir gingen die Liste durch. Glücklicherweise war er mit allen von mir vorgeschlagenen größeren und auch den meisten kleineren Veränderungen einverstanden.

Als erstes machten wir uns daran, all das Zeug loszuwerden, das wir eigentlich nicht brauchten (Nr. 1). Es kostete uns eine Menge Überwindung, in einen anderen Staat zu ziehen, um dort zu arbeiten, wo wir auch leben wollten (Nr. 51), und um das zu tun, was wir wirklich tun wollten (Nr. 52). Und wir zogen in ein kleineres Haus um (Nr. 19). Im Laufe der nächsten Jahre änderten wir unsere Eßgewohnheiten (Nr. 57), konsolidierten unsere Investitionen (Nr. 46), verscherbelten das verdammte Boot (Nr. 21), überdachten unser Kaufverhalten (Nr. 40) und schränkten drastisch unsere Bedürfnisse, was Güter und Dienstleistungen betrifft, ein! (Nr. 42). Schritt für Schritt setzten wir allmählich die meisten der in diesem Buch beschriebenen Vorschläge um.

Als wir uns an die Verbesserungsvorschläge heranmachten, hatten wir vordergründig drei Ziele vor Augen. Erstens sollten die Dinge in unserem Leben – wie Haus, Autos, Kleidung, Essen, Finanzen – in ihren Dimensionen so überschaubar sein, daß wir uns problemlos *selbst* darum kümmern konnten.

Zweitens wollten wir uns von all den Verpflichtungen und Leuten lösen, die uns davon abhielten, Zeit für die Dinge zu haben, die wir wirklich machen wollten. Wir beschlossen schon sehr bald, in Zukunft nicht mehr zu tun, was wir jetzt schon taten, bloß weil wir glaubten, es tun zu *müssen*. Dadurch gewannen wir nicht nur mehr Zeit für uns, sondern reduzierten auch den Streß, der daraus resultiert, wenn man Dinge macht, die man eigentlich gar nicht machen will.

Drittens sollte unser Lebensstil mit unserem Wunsch nach einem Leben in Harmonie mit der Umwelt in Einklang stehen.

Diese Verbesserungsvorschläge waren keine Wiederauflage der »Zurück-zur-Natur-Bewegung« der 60er Jahre – obwohl wir wieder mehr Natur in unser Leben einbeziehen wollten und es auch taten. Es ging auch nicht darum, möglichst billig zu leben, wenngleich beinahe die Hälfte der Vorschläge in diesem Buch zur Reduzierung Ihrer Ausgaben beitragen. Einfach zu leben hieß für uns, den Aufwand und die zeitlichen Anforderungen unseres Lebensstils der 80er Jahre zu reduzieren, den gewohnten Komfort beizubehalten und unser Leben insgesamt überschaubarer zu gestalten.

Als wir uns an die Vereinfachungsmaßnahmen heranmachten, wäre ich froh gewesen, jemanden zu kennen, der das gleiche schon hinter sich hat. Ich kämmte die Bibliotheken und Buchläden nach hilfreichen Büchern durch und fand zwar eine Menge über die *Philosophie* des einfachen Lebens, aber dennoch keine Ratgeber mit praktischen Tips. Also verließen wir uns auf uns selbst.

Immer wenn wir einen größeren Schritt innerhalb unserer Vereinfachungsprozedur getan hatten, fielen uns noch Dinge ein, die wir vergessen hatten, und wir hielten sie schriftlich fest. Ich dachte mir, daß, wenn wir beide – zwei mehr oder weniger von der Vernunft geprägte Menschen – uns dermaßen von diesem hektischen Lebensstil und zügellosen Konsumverhalten der 80er Jahre hatten vereinnahmen lassen, es wohl noch andere an sich vernünftige Leute geben mußte, denen das gleiche widerfahren war und die nun auch nach praktikablen Maßnahmen zur Vereinfachung ihres Lebens suchten. Daher beschloß ich, dieses Buch zu schreiben, eine Auflistung all der Schritte, die wir dafür unternommen haben, und der Dinge, die wir im Lauf der Zeit von anderen Gleichgesinnten gelernt haben.

Möglicherweise ist Ihr Leben so kompliziert, daß es – wie auch in unserem Fall – einer Umsetzung vieler oder aller hier angesprochener Vorschläge bedarf. Vielleicht brauchen Sie aber auch nur ein oder zwei Schritte zu unternehmen – ist es zum Beispiel nötig, daß Sie Ihre persönlichen Beziehungen überdenken (Nr. 72) oder hinsichtlich Ihrer Erwartungen einiges verändern (Nr. 88) –, um zu einer Art Einfachheit zu gelangen, damit Sie Ihr Leben auch in anderen Bereichen mehr genießen können. Wie auch immer, denken Sie daran, daß das, was für den einen einfach scheint, dem anderen zu kompliziert ist. Als wir begannen, den familiären Festlichkeiten aus dem Wege zu gehen (Nr. 33), stellte das für uns eine ungeheure Befreiung dar, aber für Sie wäre dieser Schritt vielleicht undenkbar. Sie selbst müssen die Entscheidungen treffen.

Weise Männer und Frauen haben zu allen Zeiten und in allen Kulturen festgestellt, daß das Geheimnis des Glücks nicht darin liegt, immer mehr zu bekommen, sondern darin, immer weniger zu wollen. Die 90er Jahre scheinen uns einen dieser kostbaren Momente des Umdenkens zu präsentieren, eine Gelegenheit, all die Dinge aufzugeben, die uns nicht glücklich machen, und die Lektionen der 80er Jahre nun umzusetzen in einen einfachen, aber eleganten Lebensstil – mit dem wir ins nächste Jahrtausend eintreten. Um Henry David Thoreau etwas abgewandelt zu zitieren: Nutzen Sie die Zeit und werden Sie bescheidener. Und erfreuen Sie sich daran.

EINS

Ihr Haushalt

1.
Entrümpeln Sie
Ihr Leben

Sie unternehmen einen Riesenschritt auf dem Weg zu einer einfacheren Lebensweise, indem Sie all das Zeug rauswerfen, mit dem Sie Ihr Haus, Ihr Auto, Ihr Büro und Ihr Leben vollgestopft haben. Bei einem Umzug in ein kleineres Haus (Nr. 19) ist eine Entrümpelung unerläßlich. Halten Sie sich, wenn Sie mit diesem speziellen Reduzierungsprogramm anfangen, an eine einfache Richtlinie: *Haben Sie etwas ein Jahr oder länger nicht mehr benutzt, dann werden Sie es los.*

Für dieses Loswerden bietet sich eine Reihe von Möglichkeiten an: Geben Sie es Freunden, geben Sie es einer karitativen Organisation, geben Sie es in Kommission, verkaufen Sie es auf dem Flohmarkt oder werfen Sie es in die Mülltonne.

Fangen Sie mit Ihren Kleiderschränken an und machen Sie von da aus weiter. Misten Sie jeden Schrank, jede Schublade, jedes Regal in jedem Zimmer Ihres Hauses oder Ihrer Wohnung aus, und vergessen Sie dabei die Küche nicht. Brauchen Sie wirklich fünf verschiedene Versionen von Küchenmaschinen und Mixern? (Unter Nr. 35 finden Sie einige Vorschläge, wie Sie diese Dinge loswerden können.) Vergessen Sie nicht den Schrank im Eingangsflur, den Wäscheschrank, die Werkzeugkästen und das Medizinschränkchen. (Beachten Sie Nr. 66; das wird Ihnen eine Menge Zeit bei Ihrer Entscheidung sparen.) Denken Sie an das Bügelzimmer, die Garage, den Dachboden, den Keller, Ihr Arbeitszimmer, Ihr Auto und alle Lagerräume, die Sie eventuell angemietet oder zeitweise benutzt haben.

Als mein Mann und ich uns im Rahmen unseres Vereinfachungsprojekts dieser Übung unterzogen, überraschte es uns, wieviel »Zeug« sich im Laufe der Zeit angesammelt hatte und überhaupt nicht mehr benutzt wurde. Und es war ungeheuer befreiend, sich all des Krempels zu entledigen.

Bald darauf merkten wir, daß wir sehr viel mehr Wohnraum hatten, als wir eigentlich brauchten oder wollten, und zogen deshalb in eine kleine Wohnung um. Dabei unterzogen wir uns einer zweiten Entrümpelungsaktion und brachten es fertig, eine ganze Ladung weiterer Dinge loszuwerden, für die wir keinen Platz mehr hatten.

Wir haben festgestellt, daß wir uns mit den Jahren und im Zuge der Verfeinerung unseres Vereinfachungsprogramms immer besser von all den Dingen trennen konnten, die wir unseres Wissens nie benutzen würden. Möglicherweise sind Sie bei der ersten oder auch zweiten Entrümpelungsrunde noch nicht bereit, sich von allem Krempel in Ihren Schränken zu lösen, aber ich kann Ihnen versprechen, daß das Ausmisten immer leichter wird, wenn Sie erst einmal das Gefühl der Befreiung und des Aufatmens erlebt haben, das diese Übung mit sich bringt.

Sie können den ersten Schritt eines Entrümpelungsprogramms an ein paar Samstagnachmittagen erlernen. Lassen Sie Ihre Kinder an dieser Übung teilnehmen. Dadurch lernen sie schon in frühen Jahren, wie sie Gerümpel aus ihrem Leben verbannen können. Setzen Sie einfach einen Termin fest und fangen Sie dann damit an.

Denken Sie daran, daß Sie nichts von dem hergeben, an dem Sie hängen, sondern sich nur von all dem befreien, was Sie wirklich nicht mehr haben wollen.

2.
Machen Sie sich Daves
Entrümpelungssystem zunutze

Unser Freund Dave schwört auf seine Methode, all die Dinge loszuwerden, die er nicht mehr braucht, von denen er sich aber einfach nicht zu trennen vermag. Verstauen Sie das Zeug in einer Schachtel und versehen Sie sie mit einem Etikett, auf dem Sie den Verpackungstag notieren – aber zwei oder drei Jahre vordatiert. Vermerken Sie aber nicht den Inhalt. Lagern Sie die Schachtel auf dem Dachboden oder im Keller oder wo immer Sie wollen. Sehen Sie einmal im Jahr die Etiketten durch. Wenn Sie auf eine Schachtel stoßen, deren Datum verfallen ist, werfen Sie sie raus, ohne sie nochmals zu öffnen. Da Sie nicht wissen, was drin ist, werden Sie die Dinge auch nie vermissen.

Natürlich hätten wir erst gar kein Gerümpel, wenn wir es uns erst gar nicht angewöhnen würden, das ganze Zeug zu horten. Sie könnten es sich zur Gewohnheit machen, alle diese Dinge gleich und nicht erst später rauszuwerfen. Fragen Sie sich, wenn Sie sich dabei ertappen, daß Sie mal wieder irgend etwas hinten im Schrank oder auf dem dunklen Dachboden verstauen: »Will ich das *wirklich* aufbewahren oder wird letztlich nur noch mehr alter Krempel daraus?« Reißen Sie sich am Riemen und trennen Sie sich davon.

3.
Hausputz im Eiltempo

Wenn Sie Ihr Bedürfnis nach Gütern und Dienstleistungen bereits eingeschränkt haben (Nr. 42), haben Sie vielleicht auch schon Ihre Putzfrau entlassen. Doch ob Sie nun Ihr Heim selbst putzen oder jemanden dafür anstellen, Sie sollten in jedem Fall *Speed Cleaning* von Jeff Campbell und dem Clean Team (Dell Publishing) lesen. Dazu brauchen Sie nicht einmal eine halbe Stunde, und danach werden Sie die Zeit und die Kosten für Ihren Hausputz um mehr als die Hälfte reduzieren können.

Ich selbst halte mich für ziemlich effektiv, was den Hausputz betrifft, doch sind mir einige der in diesem Buch beschriebenen zeitsparenden Methoden völlig unbekannt. Darin finden sich zum Beispiel leicht zu befolgende Anleitungen, wie Sie Ihr Heim *in einem Wisch* Raum für Raum, von unten nach oben und von links nach rechts säubern können. Allein mit der Befolgung dieses Tips reduzieren Sie Ihre »Putzzeit« drastisch.

Tatsächlich ist es einer Person mit Hilfe dieses raschen Putzverfahrens möglich, ein Haus von 600 qm in wenig mehr als einer Stunde gründlich zu säubern. Wenn Sie sich dieses System erst einmal angeeignet haben, brauchen Sie nicht mehr jede Woche zu putzen. Dann reicht es auch, wenn Sie es – je nach Bedarf – alle vierzehn Tage oder einmal im Monat tun.

Das Buch zeigt Ihnen, wie Sie Zeit, Energie, Wasser und Putzmittel sparen und – noch besser – wie Sie sich ihre Samstage freihalten. Es stellt umweltfreundliche Produkte und die neuesten Reinigungswerkzeuge und -techniken vor.

Es mag den Anschein haben, daß Sie Ihr Leben, wenn Sie Ihre Putzfrau ziehen lassen, nicht vereinfachen, sondern verkomplizieren, und wenn Sie ein großes Haus haben, wird das wohl auch der Fall sein. Doch wenn Sie einen auf das menschliche Maß reduzierten, unaufwendigen Lebensstil anstreben, können Sie das alltägliche Saubermachen auch ohne fremde Hilfe bewältigen, vor allem, wenn Sie alle anderen Familienmitglieder miteinbeziehen. Wenn Sie Ihren Kindern effiziente Techniken zur Reinhaltung und Führung des Haushalts beibringen, wird das nicht nur Ihr Leben erleichtern, sondern auch Ihre Kinder dazu befähigen, ihr Leben einfach zu gestalten.

4.
Reduzieren Sie den Zeitaufwand für Ihre Lebensmitteleinkäufe um die Hälfte

Die meisten meiner Bekannten rennen zwei- bis dreimal in der Woche in den Supermarkt, und viele kaufen noch viel öfter ein.

Ein Extrembeispiel ist eine meiner Freundinnen, die jeden Tag Lebensmittel einkauft. Sie ist eine Karrierefrau, verheiratet, hat keine Kinder und gibt monatlich an die 1500 DM für Essen für sich und ihren Mann aus. Obwohl sie behauptet, das Einkaufen zu verabscheuen, ist ihr noch nie in den Sinn gekommen, Essenspläne zu erstellen und Lebensmitteleinkäufe im voraus zu planen. Folglich verwendet sie viel mehr Zeit, Geld und Energie auf das Einkaufen, als wirklich nötig wäre, und wirft schließlich viele Lebensmittel wieder weg, weil sie spontan Dinge kauft, die sie gar nicht wirklich will oder braucht.

Als wir unser Vereinfachungsprogramm in die Tat umsetzten, überlegte ich mir als erstes, wie ich meine Zeit für Lebensmitteleinkäufe reduzieren könnte, da ich so ungern Zeit damit verplempere. Ich nahm mir vor, die zwei oder drei Stunden, die ich jede Woche mit dem Einkaufen verbrachte, wenigstens um die Hälfte zu kürzen.

Also setzte ich mich an den Computer und gab eine Liste mit all den Lebensmitteln ein, die ich aller Wahrscheinlichkeit nach brauchen würde. Dann teilte ich die Lebensmittel entsprechend der Gänge in meinem Lieblingssupermarkt ein. Ich druckte an die zwanzig Kopien dieser Liste aus und bewahre sie in einem der Küchenschränke auf, so daß ich immer eine parat habe, wenn ich sie brauche. Sie ist leicht auf den neuesten Stand zu bringen, wenn sich zum Beispiel unsere Eßgewohnheiten ändern.

Bevor ich zum Einkaufen fahre, setze ich mich an den Küchentisch und erstelle rasch einen Essensplan für die Woche. Dann gehe ich meine Computerliste durch und kreuze alle Dinge an, die ich brauche. Da ich schon in der Küche sitze, kann ich rasch feststellen, was sonst noch fehlt, und das ebenfalls notieren.

Die ganze Prozedur, vom Erstellen der Liste über das Einkaufen bis zum Wegräumen der Dinge, dauert nicht einmal eine Stunde, und ich brauche unter der Woche praktisch nie noch mal in den Supermarkt zu rennen, weil ich etwas vergessen habe. Abgesehen davon, daß wir natürlich auch unsere Eßgewohnheiten verändert haben (Nr. 57), wurden durch diese Liste unsere monatlichen Ausgaben für Lebensmittel erheblich weniger, und wir haben mehr Zeit für uns selbst gewonnen.

Ein weiterer Vorteil dieser Computerliste ist der, daß, falls Sie vorrangig für das Einkaufen in der Familie zuständig, aber gerade verhindert sind, Ihr Lebensgefährte oder Ihre Kinder sich die Liste vornehmen und das Einkaufen in Ihrer Abwesenheit erledigen können.

5.
Kaufen Sie
Großpackungen

Sie können Ihre Lebensmitteleinkäufe vereinfachen, indem Sie Großpackungen kaufen. Jahrelang habe ich mich gegen diesen Gedanken gewehrt. Wir schienen nie den Platz dafür zu haben, und ich nahm mir auch nie die Zeit, mich hinzusetzen und zu überlegen, was wir denn sinnvollerweise in großen Mengen kaufen könnten. Dann fingen wir an, unsere eigenen Muffins aus Haferschrot zu backen (Nr. 61) und brauchten so viel Haferschrot, daß es praktischer war, es in Großpackungen zu kaufen.

Als ich merkte, was das an Zeit, Energie und Verpakkungsmaterial – vom Geld ganz zu schweigen – sparte, dachte ich über andere Dinge nach, die wir eventuell ebenfalls in großen Mengen kaufen konnten, und war überrascht, was alles dabei herauskam. Nun habe ich eine Sonderliste für unsere Einkäufe in Großpackungen: Papiertaschentücher, Toilettenpapier, Waschmittel, Reinigungsmittel, Katzenfutter, Hundefutter, Zahnpasta, Shampoo, Rasiercremes, Reis, Getreide, Hülsenfrüchte, Nüsse und Backmaterialien.

Ein- oder zweimal im Jahr unternehme ich einen Ausflug in den Großmarkt und fülle unsere Vorräte wieder auf. Da unsere Schränke und Kommoden durch die Entrümpelung praktisch leer sind (Nr. 1), ist nun reichlich Platz für diese Lebensmittel, die uns auf diese Weise auch nie ausgehen.

Denken Sie beim Einkauf von Großpackungen daran, daß nicht *alles*, was im Großmarkt angeboten wird, unbedingt auch billiger ist. Sie sollten also ziemlich genau wissen, was die Ware im Normalangebot kostet, die Sie zu kaufen beabsichtigen. Sonst könnte es Ihnen passieren, daß Sie zuviel bezahlen, und das muß ja nicht sein. Außerdem werden Sie es sehr hilfreich finden, wenn Sie eine detaillierte Liste für Ihre Großeinkäufe dabei haben, um zu verhindern, daß Sie der Versuchung erliegen, im Grunde unnötige Dinge zu kaufen, bloß weil sie so preisgünstig sind.

Abgesehen von der Zeit und dem Geld, das wir damit sparen, vermindert sich durch diese Großeinkäufe auch das zu recycelnde Verpackungsmaterial. Viele Supermärkte und Großmärkte ermuntern ihre Kunden mittlerweile schon dazu, ihre eigenen Einkaufstaschen und Behälter mitzubringen, was das Verpackungsmaterial noch mehr reduziert.

6.
Pflanzen Sie
Ihr Gemüse selbst an

Freunde von uns haben ihren Zeitaufwand für Lebensmittelkäufe dadurch reduziert, daß sie ihr eigenes Gemüse angepflanzt haben. Sie pflanzen alles, was sie im Jahr ernten, in Pflanzkästen auf ihrer Dachterrasse an. So bekommen sie frische Tomaten, Paprikaschoten, grüne Bohnen, Artischocken, Gurken und verschiedene Kürbissorten sowie viele Kräuter aus ihrem umfangreichen Kräutergarten. Sie haben ein automatisch funktionierendes Berieselungssystem zur Bewässerung installiert. Sie müssen nie umgraben; ist etwas abgeerntet, ziehen sie lediglich die alten Pflanzen heraus, fügen frischen Mulch hinzu und setzen neue Pflanzen ein. Unter den Pflanzkästen sind Rollen befestigt, so daß sie leicht herumgeschoben werden können und die ganze Zeit ein Maximum an Sonne erhalten. Sie haben selten mit Ungeziefer oder Schädlingen zu kämpfen, aber wenn sie doch einmal zu Bekämpfungsmaßnahmen greifen müssen, verwenden sie biologische Mittel.

Beide sind berufstätig und haben einen langen Arbeitstag. Vor einigen Jahren faßten sie den Entschluß, ihre Zeit lieber mit der Pflege ihres Gemüsegartens auf der Dachterrasse zu verbringen, als jedesmal in den Supermarkt zu rennen, wenn sie eine Tomate brauchten. Die Tatsache, daß sie so viele Produkte, die auf ihrem Eßtisch landen, selbst gezogen haben, und dazu noch auf biologisch-organische

Weise, gibt ihnen ein Gefühl der Zufriedenheit. Die wenige Arbeit, die ihnen ihr einfacher Garten abverlangt, macht ihnen große Freude, und sie lieben das Gefühl, eins mit der Natur zu sein. Sie haben auch darauf geachtet, daß sich ihr im Teenageralter befindlicher Sohn an der Gartenarbeit beteiligt. Dabei war er ihnen nicht nur eine große Hilfe, sondern er hat auch eine Liebe zu Pflanzen und zur Natur entwickelt, die er ansonsten vielleicht nicht entdeckt hätte. Und sie schätzen es als Gelegenheit, sich als Familie gemeinsam einer Tätigkeit zu widmen, die ihnen allen Spaß macht.

Wenn Sie Platz haben, auf einer Terrasse oder in einem Innenhof einen kleinen Garten anzulegen, könnte sich das nicht nur positiv auf Ihre Lebensmitteleinkäufe auswirken, sondern Sie auch zufriedenstellen.

7.
Erledigen Sie alle
Ihre Besorgungen an einem Ort

Früher habe ich eine unglaubliche Menge Zeit auf die Erledigung meiner routinemäßigen Besorgungen verwendet. Jede Woche fuhr ich, ohne weiter darüber nachzudenken, durch die ganze Stadt zu meinen Lieblingsläden, die ich mehr aus Anhänglichkeit denn aus Bequemlichkeit aufsuchte. Ich fuhr zehn Kilometer durch die Stadt, um Lebensmittel einzukaufen, dann acht Kilometer zurück zur Bank, zwei Blocks weiter zur Post, weitere neun Kilometer zum anderen Ende der Stadt zur Reinigung, und dann noch ein paar Kilometer weiter zu einem Einkaufszentrum, wo ich fast alles andere besorgte und erledigte. Dort hatte ich Videoausleihe, Eisenwarenladen, Buchladen und Zoogeschäft in einem. Und dann noch eine weitere kurze Fahrt zum Fischmarkt, zur Bäckerei und zum Blumenstand.

Jetzt ist das nächste Einkaufszentrum glücklicherweise nur noch einen Block von unserem Haus entfernt. Dort können wir praktisch alles erledigen und haben auch noch den Tierarzt und den Tiersalon, den Fotoladen, die Apotheke und ein halbes Dutzend guter Restaurants, die wir zu Fuß aufsuchen können. Das erspart uns jetzt bei unseren wöchentlichen Besorgungen mindestens eineinhalb Stunden.

Suchen Sie sich, wenn Sie nicht in der Nähe eines Einkaufszentrums wohnen, wo Sie alle Ihre notwendigen wöchentlichen Besorgungen erledigen können, das nächstgelegene heraus und fahren Sie dorthin, auch wenn es eine Reise durch die halbe Stadt bedeutet, einfach weil Sie dann dort alles auf einmal erledigen können.

Das Auto ist wie auch die Waschmaschine und der Trockner (Nr. 8) ein weiterer Luxus, der oft unnötig ist. Da es so einfach ist, sich schnell ins Auto zu setzen und irgendwohin zu fahren, denken wir gar nicht darüber nach, wieviel zusätzliche Zeit wir mit Dingen verbringen, die wir nicht tun würden und vielleicht auch eigentlich gar nicht tun bräuchten, wenn wir das Auto, das so bequem ist, nicht hätten.

8.
Reduzieren Sie Ihren Wäscheberg um die Hälfte

Ralph Keyes weist in seinem ausgezeichneten Buch *Timelock* darauf hin, daß viele angeblich zeitsparende Erfindungen unserer Zeit aufgrund der Art und Weise, wie wir sie benutzen, gar nicht so viel Zeit sparen, wie wir meinen. Die Kombination von Waschmaschine und Trockner ist hier ein sehr gutes Beispiel.

Man hat in den letzten fünfzig Jahren Untersuchungen durchgeführt, um herauszufinden, wieviel Zeit unsere Großmütter und Mütter im Vergleich zu uns heute auf bestimmte Haushaltsbesorgungen verwendeten. Interessanterweise hat sich herausgestellt, daß wir genausoviel Zeit mit dem Wäschewaschen und Trocknen verbringen wie unsere Großmütter und manchmal sogar noch mehr, obwohl unsere Waschmaschinen und Trockner an sich den diesbezüglichen Zeitaufwand stark reduzieren. Warum? Weil wir viel mehr und häufiger waschen.

Früher zum Beispiel zog Großvater am Montag ein sauberes Hemd an, das er die Woche lang trug, und am Wochenende wanderte es dann auf den Wäscheberg, dessen sich Großmutter am Waschtag annahm. Heute denken wir uns nichts dabei, wenn wir unsere Hemden zwei- oder dreimal am Tag wechseln, ein Hemd beim Joggen, eines bei der Arbeit und eines für den gemütlichen Abend, und alle wandern sie, sobald wir sie ausziehen, in den Wäschekorb.

Dasselbe gilt für Bettwäsche und Handtücher. Heute benutzt eine Person, ohne mit der Wimper zu zucken, ein oder auch zwei bis drei Handtücher pro Tag. Schließlich ist es ja so einfach. Es kommt alles in die Waschmaschine, und damit hat es sich.

Es ist sehr praktisch, wenn Sie eine Haushaltshilfe haben, die sich um die Wäsche kümmert, obwohl sie dabei auch immer noch an den Wasser-, den Waschmittel- und den Elektrizitätsverbrauch sowie an den Lohn, den Sie dafür bezahlen, denken müssen, ganz davon zu schweigen, daß die Haushaltshilfe ja auch noch eingewiesen werden muß. Etwas ganz anderes ist es jedoch, wenn Sie diejenige sind, die sich um die ganze Wäsche kümmern muß und weitaus mehr Zeit im Bügelzimmer verbringt, als Ihnen lieb ist oder als es notwendig wäre.

Sollte das der Fall sein, dann setzen Sie sich hin und überdenken Sie Ihre Gewohnheiten bezüglich der Kleidung und anderer Sachen, die ständig zu waschen sind. Ein leicht erreichbares Ziel wäre eine Wäscheladung pro Person und pro Woche. Wenn Sie das eine Weile lang durchgezogen haben, können Sie das Ganze weiter auf eine Wäscheladung pro Person alle zwei Wochen reduzieren, vor allem wenn Sie Ihre Garderobe auf das Nötigste reduziert haben (Nr. 22) und weitgehend dunkelfarbige Sachen tragen, die weniger häufig gewaschen werden müssen! Tragen Sie die Dinge so lange, bis sie wirklich in die Wäsche müssen und bringen Sie das auch Ihren Kindern bei. Weisen Sie jeder Person ein Handtuch und einen Waschlappen pro Woche zu.

Und wer sagt, daß wir unsere Bettwäsche *jede* Woche wechseln müssen? Unsere Mütter taten das, weil das zu ihrer Zeit so üblich war. Aber jetzt, wo so viele Mütter außer

Haus und dann noch zusätzlich im Haushalt arbeiten, haben sich die Dinge geändert. Ich kann Ihnen versichern, daß man durchaus überleben kann, wenn die Bettwäsche nur alle zwei (oder noch mehr) Wochen gewechselt wird.

9.
Kaufen Sie keine Kleidung mehr, die chemisch gereinigt werden muß

Ganz offensichtlich gibt es eine Reihe von Berufen mit Bekleidungsvorschriften, die die regelmäßige Inanspruchnahme einer chemischen Reinigung erforderlich machen. Wenn Sie ein Investmentbanker sind, brauchen Sie Ihre dreiteiligen Anzüge, die auf die Reinigung in der Waschmaschine und im Trockner nicht besonders positiv reagieren. Glücklicherweise müssen sich heute in den 90er Jahren die meisten von uns nicht mehr sklavisch einer Kleiderordnung zur Signalisierung von Erfolg unterwerfen, wie sie in den 80er Jahren erforderlich war. Von jetzt an heißt die Parole: Man kleidet sich ganz nach Geschmack und Tragekomfort. Das heißt, daß man Baumwollstoffe und natürliche Materialien für die Kleidung bevorzugt, weil sie problemlos zu waschen sind.

Eine Freundin von mir meint, daß es sehr viel einfacher sei, Kleidungsstücke in die chemische Reinigung zu bringen, als sich selbst damit abzumühen; das mag teilweise richtig sein. Es kommt darauf an, für welchen Lebensstil Sie sich entscheiden und wie einfach Ihr Lebensstil werden soll. Wir haben jahrelang, ohne uns Gedanken darüber zu machen, einmal in der Woche unsere Hemden in die Reinigung gebracht beziehungsweise dort abgeholt. Jetzt, wo wir unsere Garderobe auf das Notwendigste reduziert haben, können wir auf die chemische Reinigung weitgehend verzichten. Es gefällt mir, eine Ladung Wäsche in die Waschmaschine und in den Trockner zu stecken und sie dann mit dem Wissen im Schrank aufzuhängen, daß sie gleich wieder getragen werden kann. Und es verschafft uns auch eine gewisse Befriedigung, daß wir ein winziges bißchen zur Verringerung des Gebrauchs von umweltschädlichen chemischen Reinigungsmitteln beitragen.

10.
Lassen Sie Ihre Schuhe
vor der Haustür stehen

Machen Sie es sich zur Gewohnheit, vor dem Betreten des Hauses oder der Wohnung Ihre Straßenschuhe auszuziehen. Diese ganz einfache Handhabung hat unglaubliche Vorteile. Damit werden Dreck, Staub und andere unwillkommene Partikel auf den Fußböden und Teppichen, alles, was von draußen hereingeschleppt wird, weniger. Ihr Haus wird sichtbar sauberer sein. Die Dreckflecken auf den Teppichen beschränken sich so auf ein Minimum, die Teppiche sind leichter sauberzuhalten, und im ganzen Haus wird weniger Staub anfallen.

Der größte Vorteil für die Anhänger dieser Methode ist aber, daß damit gefühlsmäßig ihr Zuhause zu ihrem trauten Heim wird. Denn wenn Sie Ihre Straßenschuhe an der Haustür zurücklassen, lassen Sie allmählich immer mehr – auf fast magische Weise – auch Ihre Probleme dort zurück.

Eine Variation dieses Gedankens steuerte ein Bekannter von uns bei, der Besitzer einer Computer-Softwarefirma. Da an den dortigen Arbeitsplätzen unbedingt alles staubfrei sein muß, hat er schon vor vielen Jahren von seinen Angestellten verlangt, daß sie ihre Schuhe draußen lassen. Er ging sogar so weit, allen seinen Angestellten Schuhe oder Slipper zu kaufen, die sie im Innern des Gebäudes tragen sollen, und ein eigenes Schuhbudget für sein Personal bereitzustellen.

TIP: Basteln Sie sich oder kaufen Sie einen kleinen Kasten oder ein kleines Regal, wo Sie Ihre Schuhe beim Betreten Ihres Heims lassen können. Halten Sie dort auch Socken oder Hausschuhe bereit, falls Sie nicht barfuß gehen wollen. Und bringen Sie dort auch einen Extravorrat an Socken oder Fußbekleidung, wie man sie in den Flugzeugen bekommt, für Ihre Gäste unter und bitten Sie diese, ebenfalls ihre Straßenschuhe auszuziehen.

11.
Legen Sie sich
gemusterte Teppiche zu

Wenn ich an die Zeit zurückdenke, in der ich mich entschloß, unser frisch renoviertes Heim mit einem gelblichgrauen Teppichboden auslegen zu lassen, frage ich mich, ob ich damals bei Verstand war. Es war Mitte der 80er Jahre, und die gelblichgrauen und grauweißen Teppiche stellten eine modische Rebellion gegen die satten Farben wie das Dunkelbraun und Orange der Teppiche der 70er und vielleicht auch gegen die gedeckten grünen Teppiche der 60er Jahre dar.

Ja, die hellen, etwas plüschigen Teppiche sind modern und sehen, wenn sie gut gepflegt werden, sehr schön aus; aber zu einem einfacheren Leben tragen sie mit Sicherheit nicht bei. Man sieht jeden Klecks, jeden Schmutzfleck, jedes Katzenhaar, jeden Brotkrümel und jeden Kaffeespritzer, der je mit diesen angeblich fleckenresistenten Fasern in Berührung kam.

Als wir in die Wohnanlage umzogen, ersetzte ich den dort vorhandenen hellen Teppichboden durch einen buntgefleckten Teppichboden, der mich an Sand erinnert. Es war die beste Entscheidung, die ich hinsichtlich der Wohnungsausstattung je getroffen habe. Heute gibt es viele Variationen dieser gemusterten Teppiche, und ich empfehle Ihnen sehr, sich einen solchen zuzulegen, wenn Sie an eine Neuanschaffung denken. Auch ein vielfarbiger Perser-

oder Orientteppich erfüllt den Zweck. Das heißt nicht, daß sie sauberer bleiben, sondern nur, daß man all die Flecken, Kleckse, Spritzer und den Staub nicht so leicht sieht wie auf den hellen oder auch dunklen einfarbigen Teppichen. Wenn Sie möchten, daß Ihre Teppiche gut aussehen, ohne eine Menge Zeit auf sie verwenden zu müssen, dann verbergen gefleckte, gemusterte oder vielfarbige Teppiche eine Menge begangener Sünden und machen Ihr Leben um vieles einfacher.

12.
Benutzen Sie Tabletts

Als ich mit Beginn unseres Vereinfachungsprogramms in Klausur ging, verbrachte ich ein wunderbar ruhiges und erholsames Wochenende in einem schönen alten Haus oben in den Hügeln. Dort lassen sich bequem jeweils acht bis zehn Gäste unterbringen, daher ist es gewöhnlich Monate im voraus ausgebucht.

Die Gäste können ihre Mahlzeiten im Speisesaal einnehmen oder das Essen mit aufs Zimmer nehmen. Und den ganzen Tag über kann man Kaffee, Tee, Fruchtsäfte und alle möglichen nicht gerade schlankmachenden, fettigen, kuchen-ähnlichen und pappigen Snacks bekommen. Mit diesem Essenszeug beladene Gäste ziehen geradezu Bahnen über die mit Teppichen ausgelegten Flure, die polierten Marmortreppen hinauf und hinunter und über die herrlichen Perser- und Orientteppiche und schön gepflegten Parkettböden in den Zimmern. Und doch bleiben die Böden und Teppiche makel- und fleckenlos.

Warum? Weil es nur eine Regel in diesem Haus gibt: Essen und Getränke verlassen die Küche nur auf einem Tablett. Wenn ich an all die Zeit denke, die ich damit verbrachte, die Flecken aus dem hellen gelbgrauen Teppich zu entfernen und die Krümel von den Parkettböden aufzufegen, dann frage ich mich, warum ich selber nie auf die Idee mit dem Tablett kam.

Und wir haben nun eine Regel bei uns zu Hause eingeführt: Jedes Essen und jedes Getränk verläßt die Küche nur
auf einem Tablett. Es ist eine so einfache und elegante Lösung.

13.
Lassen Sie Ihre Pflanzen
draußen im Freien

Ist Ihnen je passiert, daß Sie Ihre Zimmerpflanze an einen sonnigeren Ort stellen wollten und darunter einen Wasserfleck von etwa dreißig Zentimeter Durchmesser auf Ihrem frisch renovierten Parkettboden entdeckten?

Ist Ihr Couchtisch übersät mit Flecken, die daher rühren, daß Sie wieder mal nicht merkten, daß das Wasser aus dem Untersetzer Ihrer Lieblingsorchidee herausgeflossen ist?

Fragen Sie sich manchmal, ob der über der Küchenspüle hängende Philodendron wieder einmal abgestaubt werden sollte?

Haben Sie es satt, gegen den Ficus neben der Couch zu stoßen und damit eine Lawine von herabfallenden Blättern auszulösen, die sich über den Teppich ergießt?

Wie oft kommen Sie nach Hause und stellen fest, daß sich die Katze mal wieder auf Ihrem Sofa erbrochen hat, weil sie sich an der Schefflera verköstigt hat?

Innendekorateure und eingeschworene Pflanzenliebhaber werden das nicht gern hören, aber Sie wissen sehr wohl, was ich meine: Zimmerpflanzen nerven.

Es wird Zeit, daß wir begreifen, daß die Abbildungen in den Magazinen für »Schöner Wohnen« nicht unbedingt realitätsnah und praktisch sind. Wenn wir diesen Magazinen Glauben schenken, ist die Pflege von Zimmerpflanzen absolut kein Problem, aber in Wirklichkeit ist sie es doch.

Und ich spreche aus Erfahrung, denn ich bin eine Pflanzen-
liebhaberin und habe mich jahrelang mit Zimmerpflanzen
umgeben, die mich eine Menge Zeit kosteten. Als ich dann
den Wasserfleck auf dem Kirschholzregal und den dritten
Blattlausbefall meines blühenden Hibiskus entdeckte, fing
ich an, darüber nachzudenken, ob es nicht noch einen besseren Weg gäbe, mit der Natur in Kontakt zu kommen.

Wenn Sie keinen Garten oder Innenhof haben, wo Sie
sich auf natürliche Weise an der grünen Natur erfreuen
können, dann ziehen Sie einen kleinen Wintergarten in Erwägung. Wenn auch das nicht möglich ist, suchen Sie den
botanischen Garten oder den nächsten Park auf, wenn Sie
die Nähe von Pflanzen brauchen. Zumindest könnten Sie
darauf verzichten, ihr Fleißiges Lieschen wieder zu ersetz-
zen, wenn das alte eingegangen ist. Sie werden mit Überra-
schung feststellen, wie einfach Ihr Leben werden kann,
wenn Sie die Natur im Freien belassen, so wie Gott es ursprünglich vorsah.

14.
Nehmen Sie Abschied von Ihrem gepflegten Rasen

Wenn Sie nicht zu diesen Energiebündeln gehören, die am Wochenende leidenschaftlich gern schnaufend und prustend ihren mechanischen Rasenmäher betätigen oder, schlimmer noch, hinter einem laut dröhnenden, übelriechenden, umweltzerstörerischen und -verschmutzenden, elektrisch oder mit Benzin betriebenen Rasenmäher hermarschieren, dann stellt sich die Frage, warum Sie einen sorgsam gepflegten Rasen haben müssen. Weil die Nachbarn ihn auch haben? Weil es den gesellschaftlichen Erwartungen entspricht? Aus Gewohnheit? Vielleicht gefällt es Ihnen *wirklich*, einen solchen Rasen zu haben? Lohnt sich der ganze Aufwand von ständigem Mähen, Trimmen, Düngen, Zusammenrechen und Wässern?

Selbst wenn Sie jemanden für die Rasenpflege angestellt haben, müssen Sie sich doch darum kümmern, daß auch wirklich alles Erforderliche getan wird oder zumindest einen Scheck für die Pflege ausschreiben. Wäre es nicht einfacher, dem gepflegten Rasen adieu zu sagen?

Sie könnten eine Menge Zeit, Geld, Mühe, Energie, Wasser und andere Naturressourcen (Benzin oder Elektrizität für den Rasenmäher) wie auch künstliche Ressourcen (chemische Düngemittel und Unkrautvernichtungsmittel) sparen, wenn Sie Ihren gepflegten Rasen durch eine einfache, wildwachsende Wiese ersetzen.

Es gibt für eine solche Grünfläche viele schöne Gräser und schnell und niedrig wachsende immergrüne Pflanzen, die wenig Pflege brauchen und auch Hitzeperioden gut überstehen. Fragen Sie in einem Gartencenter nach den Pflanzen, die sich für Ihre örtlichen Gegebenheiten am besten eignen.

Stellen Sie sich vor, Sie müssen sich nie wieder mit Ihrem Rasen befassen. Werden Sie ihn einfach los!

15.
Vereinfachen Sie zumindest
die Rasenpflege

Wenn Sie das Gefühl haben, unbedingt einen Rasen zu brauchen, könnten Sie über ein paar Veränderungen hinsichtlich seiner Pflege nachdenken.

1. Verkleinern Sie die Fläche – lassen Sie sie nur so groß, daß die Kinder noch mit dem Hund darauf spielen können.
2. Die meisten Leute überwässern ihren Rasen bis zu 40 Prozent. Wässern Sie ihn langsam, damit das Wasser tief einsickern kann. Das ist effektiver als häufiges, kurzes Besprühen. Der frühe Morgen eignet sich am besten zum Wässern.
3. Mähen Sie ihn weniger häufig. Das spart nicht nur Zeit und Energie, sondern die meisten Grasarten entwickeln auch gesündere Wurzeln, wenn sie sechs bis zehn Zentimeter hoch wachsen dürfen. Je höher das Gras, desto mehr Schatten bekommt der Boden um die Pflanzen herum. Dadurch kann die Erde die Feuchtigkeit länger halten, was wiederum weniger Wässern bedeutet.
4. Rechen Sie das abgemähte Gras nicht weg. Wenn Sie es liegen lassen, erspart das Ihnen nicht nur Zeit und Energie, sondern damit bleibt auch mehr Feuchtigkeit erhalten und so entsteht ein natürlicher Dünger für das Gras.
5. Nehmen Sie, wenn Sie schon Pestizide benützen müssen, keine chemischen, sondern nur biologische Mittel.

16.
Die vereinfachte Haltung
von Haustieren

Im zweiten Jahr unseres Vereinfachungsprogramms brachte mein Mann einen kleinen Welpen, einen Shih Tzu, den wir Piper nannten, nach Hause. Wir haben zwei sehr pflegeleichte Katzen, aber keiner von uns beiden hatte je zuvor einen Hund besessen, und so hatten wir keine Ahnung, auf was wir uns da einließen.

Am Ende der ersten Woche saßen wir eines Abends da und beobachteten mit Erstaunen, wie Piper herumsauste und alles in ihrer Reichweite anknabberte, den Teppich versaute, die Katzen terrorisierte und eine allgemeine Verwüstung in unserem friedlichen Heim anrichtete. Gibbs sah mich an und sagte: »Vielleicht haben wir es mit dem einfachen Leben ein bißchen übertrieben.« War unser Leben mittlerweile so einfach geworden, daß wir uns diese kleine Fellkugel zulegten, um etwas Leben in die Bude zu bringen?

Na ja, vielleicht. Tatsache aber ist, daß unser Leben inzwischen so bescheiden geworden ist, daß wir uns nun an dem Vergnügen, das so ein Hund macht, erfreuen, so wie wir auch mit den damit verbundenen Plagen gut fertig werden. Dafür hatten wir zuvor nie Zeit gehabt.

Haustiere machen unser Leben nicht einfacher, aber es gibt Dinge, die die Haltung eines Haustiers erleichtern können.

1. Halten Sie sich kurzhaarige Haustiere, wenn Sie das ewige Kämmen und Bürsten nicht ausgesprochen lieben. Bürsten Sie Ihre Katze oder Ihren Hund, auch wenn sie kurzhaarig sind, jeden Tag ein paar Minuten; das reduziert die Menge an Haaren, die sich schließlich auf dem Teppich oder als flauschige Bällchen auf dem Parkett finden.

2. Haben Ihre Haustiere Flöhe, dann besorgen Sie sich ein für die Umwelt unschädliches, einfaches, nicht toxisches Mittel, um sich und Ihr Haus von den Flöhen zu befreien.

3. Nehmen Sie sich für die Erziehung Ihres Hundes Zeit. Alle Hunde, ob nun ein kleiner Welpe oder ein schon etwas älteres Tier, können dazu gebracht werden, so grundlegenden Befehlen zu gehorchen wie: *Komm her!*, *Sitz!*, *Steh!*, *bei Fuß!*, *Aus!*, *Still!* und *Hör auf, das Tischbein anzunagen!* Bei jungen Hunden können Sie ab dem dritten Monat mit der Grunderziehung anfangen, auch wenn manche Tierärzte etwas anderes sagen (und mit der Erziehung zur Stubenreinheit sollten Sie von der ersten Minute an, in der Sie das Tier ins Haus bringen, beginnen).

Ein gut erzogener Hund ist zwar nicht einfach, kann Ihnen aber große Freude in Ihrem Leben machen. Piper sorgt dafür, daß wir nun unbedingt jeden Tag einen Spaziergang unternehmen. Und dadurch, daß wir sie gleich am frühen Morgen und als letztes am Abend ausführen, können wir auch die Natur wieder hautnah genießen. Wir nehmen nun regelmäßig die Mondphasen wahr und sehen Sterne, die wir zuvor nie gesehen haben. Der friedliche Anblick, die Laute und Gerüche der Morgendämmerung und der Nacht sind nun besondere Erlebnisse für uns, an denen wir uns jeden Tag im Jahr erfreuen.

17.
Umziehen leichtgemacht

Wir sind in fünfzehn Jahren achtmal umgezogen. Hier sind ein paar Dinge, die wir dabei gelernt haben:

1. Unterziehen Sie sich vor dem Umzug der in Nr. 1 beschriebenen Entrümpelungsaktion.

2. Die meisten Menschen fangen schon lange, bevor es eigentlich nötig ist, zu packen an. Und daher sieht ihr Haus schon Wochen vor dem Umzugstag wie ein Katastrophengebiet aus. Ein normaler Haushalt kann in weniger als einer Woche zusammengepackt werden. Wenn Sie Umzugsleute anstellen, die für Sie packen, kann die Sache gewöhnlich an einem Tag bewerkstelligt werden, aber lassen Sie sie vorher abschätzen, wie lange sie wohl brauchen werden. Reservieren Sie ein Zimmer, in dem die gepackten Kisten gestapelt werden können und damit aus dem Weg sind.

3. Fangen Sie beim Packen mit den wertvollen Gegenständen an, z. B. kostbaren Vasen und Kunstgegenständen; fahren Sie mit den Büchern fort, der Bettwäsche, den Kleidern und schließlich den persönlichen Gegenständen. Packen Sie Ihr Kücheninventar als letztes ein, vorzugsweise am Morgen des Umzugs, während die Umzugsleute schon alles andere in den Möbelwagen laden.

4. Gehen Sie sicher, daß Ihre neue Wohnung völlig sauber und alles für den Einzug bereit ist.

5. Verwenden Sie farbige Etiketten für die Umzugsleute. Alle Kisten mit roten Etiketten kommen in die Küche, alle Kisten mit blauen Etiketten ins Wohnzimmer und so weiter.

6. Nehmen Sie, wenn Sie nur innerhalb des Orts umziehen, das Kücheninventar, das Sie für die nächsten paar Mahlzeiten brauchen – Abendessen heute abend und Frühstück morgen früh –, die Kleider, die Sie brauchen und alles, was für die Übernachtung nötig ist, in Ihrem eigenen Wagen mit. Das sind die Dinge, die Sie als erstes auspacken.

7. Verwenden Sie spezielle große Kleiderschachteln für Ihre Garderobe, packen Sie alles direkt aus den Schränken in Ihrem alten Heim in die Schachteln und von da wieder direkt in die Schränke in Ihrem neuen Zuhause. Wenn Sie Ihre Garderobe bereits auf das Notwendigste beschränkt haben (Nr. 22), werden Sie nicht viel zu packen haben.

8. Fangen Sie, wenn Sie die Bücher einpacken, mit dem obersten Regalbrett an, gehen Sie von links nach rechts vor und dann immer weiter hinunter bis zum untersten Regalbrett. Nehmen Sie einen Stapel Bücher und packen Sie ihn genauso geordnet in die Kiste. Numerieren Sie die Kisten nach Regal und nach Anzahl. Machen Sie sich nichts daraus, wenn die Kisten nicht immer bis auf den letzten Zentimeter vollgepackt sind. Sie brauchen dann vielleicht ein paar mehr Schachteln, aber so ist es sehr viel einfacher.

Weisen Sie die Umzugsleute an, die Regale in Ihrem neuen Heim aufzustellen und dann die Bücherkisten daneben, nach Nummern geordnet. Fangen Sie mit Kiste Nr. 1 an und stellen Sie die Bücher in der Reihenfolge, wie Sie sie gepackt haben, wieder in die Regale.

9. Nehmen Sie möglichst eine Umzugsfirma, die Ihnen die Umzugsschachteln verkauft und dann zum halben Preis wieder zurücknimmt. Manche Umzugsfirmen verkaufen auch gebrauchte Umzugsschachteln, was einiges an Kosten erspart.

10. Bringen Sie Haustiere und kleine Kinder während des Umzugstags anderswo unter. Ältere Kinder können beim Auspacken ihrer persönlichen Dinge helfen.

11. Zeichnen Sie in einen Plan von Ihrer neuen Wohnung ein, wo die größeren Möbel jeweils hingestellt werden sollen. Machen Sie ein paar Kopien davon, die Sie an die Tür jedes Zimmers heften können. Dann brauchen Sie nicht immer zur Stelle zu sein, wenn die Umzugsleute wieder ein Möbelstück oder ein paar Schachteln anschleppen. Das heißt, Sie können schon mal in der Küche auspacken und das Abendessen oder wenigstens das Frühstück für den nächsten Morgen vorbereiten.

18.
Reduzierung von Abfall durch eine einfachere Lebensweise

Zu den ganz besonderen Vorteilen, die eine Vereinfachung Ihres Lebens nebenbei mit sich bringt, gehört das sehr viel problemloser gewordene Recycling. Wenn Sie Ihre Eßgewohnheiten umgestellt haben (Nr. 57), haben Sie nicht mehr so viel Verpackungsmaterial, das Sie wieder loswerden müssen. Wenn Sie Wasser zu Ihrem Lieblingsgetränk machen (Nr. 60), brauchen Sie nicht mehr so viele Dosen, Flaschen und Plastikbehälter wegzubringen. Wenn Sie Ihre Tageszeitung abbestellen (Nr. 27), Ihre Zeitschriftenabonnements aufs Notwendigste beschränken (Nr. 27) und sich keine Werbung mehr zustellen lassen (Nr. 26), werden die Massen an Altpapier deutlich weniger.

Die Anzahl an Flaschen und Verpackungsmaterial verringert sich auch, wenn Sie alles bis auf ein Schmerzmittel rauswerfen und keine Medikamente und Mittelchen mehr kaufen, die nichts taugen (Nr. 66). Wenn Sie Ihre Kaufgewohnheiten und Ihren Bedarf an Gütern und Dienstleistungen überdenken (Nr. 42) und sich von den Familienfesten abseilen (Nr. 33), reduziert das nicht nur das Verpackungsmaterial, sondern auch die zahllosen Gegenstände, die Ihr Leben vollstopfen. Und natürlich beinhalten das Entrümpeln (Nr. 1), die Aufrechterhaltung dieses Zustands (Nr. 89) und das passende Geschenk (Nr. 35) schon von sich aus einen automatischen Recyclingprozeß.

Experten sind sich einig, daß das Recycling trotz aller Versprechungen nur zu einem geringen Teil das globale Abfall- und Entsorgungsproblem löst. In erster Linie und zum größeren Teil wird die Reduzierung von Abfall auch durch eine einfachere Lebensweise zu einer Lösung beitragen.

ZWEI

Ihr Lebensstil

19.
Ziehen Sie in ein kleineres Haus
oder eine kleinere Wohnung um

In den 50er Jahren umfaßte das Haus einer amerikanischen Durchschnittsfamilie etwa 110 Quadratmeter. In den 90er Jahren sind daraus 270 Quadratmeter mit drei Schlafzimmern, dreieinhalb Bädern, einer Wohnküche, einem Eßzimmer, einer Bibliothek, einem Fitneßraum, einem großen Wohnzimmer, einem Fernsehraum, einer Garage mit Platz für zwei bis drei Autos und einer Eingangshalle von etwa der Größe der Sixtinischen Kapelle geworden. Der Grund dafür kann nicht der sein, daß die Familien größer geworden sind, denn während in den 50er Jahren der Durchschnittshaushalt 4 Personen aufwies, sind es in den 90er Jahren nur noch 2,5 Personen.

Die monatlichen finanziellen Belastungen des Erhalts dieser Ungetüme haben sich seit den 50er Jahren verdoppelt, wenn nicht verdreifacht, und heute geben viele Hausbesitzer mehr als die Hälfte ihres Monatseinkommens für ihr Haus aus.

Um in größeren Häusern wohnen zu können, mußten wir von unseren Arbeitsplätzen und kommunalen Einrichtungen immer weiter wegziehen, was wiederum bedeutet, daß wir mehr Zeit für das Hin- und Herpendeln aufbringen und mehr Geld für Benzin und den Kauf von Autos ausgeben müssen.

Viele Menschen merken nun allmählich, daß sich das,

was wir, um ein großes Haus besitzen zu können, an Zeit, Energie und Geld aufwenden müssen, einfach nicht lohnt.

Als wir dem Smog und dem Stau und den täglichen Stunden Fahrtzeit zwischen Innenstadt und Vorstadt adieu sagten und in eine ländlichere Gegend umzogen, da wohnten wir an dem Ort, wo wir auch arbeiteten (Nr. 51). Wir bezogen ein 350 Quadratmeter großes Haus. Unbewußt hatten wir wieder im typischen 80er Jahre-Stil gehandelt, wo alles größer und daher besser war. Außerdem brauchten wir den Platz, um unser ganzes Zeug unterzubringen!

Nachdem wir dieses Zeug losgeworden waren (Nr. 1), merkten wir, daß wir gar nicht soviel Platz brauchten. Mit unserem Umzug in unsere kleine Wohnung verbanden wir das Ziel, unseren Wohnbereich auf eine leicht überschaubare Größe zu reduzieren, ohne Komfort und Bequemlichkeit aufgeben zu müssen. Wir empfanden es vom Gefühl her als ungeheure Erleichterung, uns nicht mehr um ein großes Haus, einen großen Garten und die zunehmenden Verpflichtungen, die sich mit dem Besitz eines überdimensionalen Heims verbinden, das gar nicht mehr in unseren Lebensstil paßt, sorgen zu müssen.

20.
Fahren Sie einen einfachen Wagen

Was die Einfachheit in bezug auf Autos angeht, so haben Gibbs und ich das nur halbwegs geschafft.

Vor ein paar Jahren kaufte ich nach typischer Aufsteigerart eine dieser motorstarken ausländischen Limousinen. Es ist zwar ein größtenteils zuverlässiger Wagen, den zu fahren mir großen Spaß macht, aber von Einfachheit kann nicht die Rede sein. Seine Pflege ist kostspielig und aufwendig, das Parken ist mühselig, und sein Benzinverbrauch läßt sich eigentlich heutzutage nicht mehr rechtfertigen.

Gibbs andererseits fährt einen zehn Jahre alten Plymouth. Er wuchs in New York mit U-Bahn und Bus auf und besaß vor seinem Umzug in die Vorstadt nie ein Auto. Dann kaufte er einen alten Kombiwagen, der es kaum bis zum Bahnhof und wieder zurück schaffte. Im Gegensatz zu mir identifiziert er sich nicht mit seinem Auto. Für ihn stellt es nur ein zuweilen bequemes Mittel dar, um von einem Ort zum anderen zu gelangen.

Die Versicherungs-, Steuer- und Zulassungskosten für sein Auto belaufen sich auf die Hälfte meiner Kosten. Er kann seinen Wagen überall abstellen, ohne sich Sorgen machen zu müssen, daß ihn jemand aufbricht oder klaut. (Niemand würde so ein Auto haben wollen, wie er selbst zugibt!)

Mein Auto steht fast doppelt so oft in der Werkstatt wie

das seine. Selbst die kleinste Reparatur kostet dreimal mehr als bei ihm und dauert doppelt so lange.

Vor kurzem probierte er unsere lokalen Buslinien aus, stellte fest, daß sie für seine Bedürfnisse durchaus ausreichend sind und denkt nun wie unsere Freunde in San Francisco (Nr. 96) ernsthaft darüber nach, sein Auto ganz aufzugeben. Abgesehen davon, daß dies seine Fahrtkosten um zwei Drittel reduzieren würde, bräuchte er sich dann auch nicht mehr hinters Steuer zu setzen, was er ohnehin nicht besonders gerne tut.

Am einfachsten wäre es natürlich, wenn ich mein Auto aufgeben und das seine übernehmen würde. Doch dazu bin ich noch nicht ganz bereit, wie ich ungern zugebe. Allerdings habe ich vor, mein Auto gegen ein Elektroauto einzutauschen, sobald die Technologie entsprechend fortgeschritten ist und Autos mit einer vernünftigen Reichweite produziert werden.

21.
Verkaufen Sie das verdammte Boot

Dieser Vorschlag ist speziell an die Männer gerichtet. Frauen verfügen meist nicht über solche Spielzeuge.

Fünfzehn Millionen Amerikaner besitzen ein Boot. Und wie man weiß, werden diese Boote nur selten benutzt, stehen in Auffahrten oder Garagen oder im Garten herum oder verschlingen einiges an Kosten für einen Liegeplatz.

Das Gleiche gilt für eine Menge anderer Dinge im Sport- und Erholungsbereich, für die wir Amerikaner insgesamt Milliarden von Dollar ausgeben: Diverse Skiausrüstungen, Taucher-, Wander-, Angler-, Golf- und Campingausrüstungen und einiges mehr.

Wenn Sie an dem Punkt angelangt sind, wo Sie dem Spruch auf einem Autoaufkleber allmählich keinen Glauben mehr schenken, welcher besagt: »Wer mit dem meisten Spielzeug stirbt, hat gewonnen«, dann wäre es vielleicht an der Zeit, darüber nachzudenken, ob Sie nicht einiges von dem Zeug loswerden wollen.

22.
Legen Sie sich eine einfache Garderobe zu

Dieser Vorschlag richtet sich hauptsächlich an Frauen. Denn Männer sind in der Regel einfacher gekleidet.

Sehen wir der Tatsache ins Auge. Männer haben im Grunde nur vier Alternativen: Anzug (mit Hemd und Krawatte); lange Hosen (mit Hemd und manchmal mit Jackett); bequeme Hosen, Jeans (mit Polohemd) oder Pullover; Geschäftsanzug.

Frauen haben unbegrenzte Alternativen:

Hosenanzüge, wobei das Jackett kurz, mittellang, lang oder sehr lang, tailliert, lose, gerade geschnitten oder eine Jacke mit Schößchen sein kann; breite oder lange Schultern mit Raglanärmeln oder mit wattierten Schultern, mit Gürtel oder offen getragen. Blusen in jeder Form, mit Kragen oder ohne Kragen, mit rundem, ovalem, viereckigem oder V-Ausschnitt. Stoffe jedweder Art und in allen Kombinationen und Farben und Farbzusammenstellungen.

Auch die anderen Alternativen in allen Kategorien von legerer bis zu formeller Kleidung weisen eine unendliche Vielfalt in bezug auf Stile, Stoffe und Farben auf. Deshalb haben Frauen gemessen an den Männern die dreifache Menge an Kleidungsstücken in ihren Schränken. Ihre Garderobe umfaßt ein Dutzend verschiedener Stilrichtungen, und weniges, wenn überhaupt, läßt sich miteinander kombinieren.

Ich schlage deshalb vor, sich beim Aufbau einer einfachen Garderobe am Vorbild der Männer zu orientieren.

Wählen Sie erstens einen einfachen, klassischen Stil, der Ihnen gut steht, und bleiben Sie für immer dabei.

Legen Sie sich zweitens Kleidungsstücke zu, die Sie kombinieren und dieIhnen praktisch als *Uniform* dienen können. Zwei oder drei Jacketts im gleichen oder ähnlichen Stil in verschiedenen, gedeckten Farben, zwei oder drei Röcke und/oder Hosen im gleichen oder ähnlichen Stil ebenfalls in verschiedenen gedeckten Farben und ein paar entsprechende Hemden/Blusen/Oberteile. *Jedes Kleidungsstück sollte mit jedem anderen kombiniert werden können.*

Denken Sie drittens daran, daß Männer meist keinen Schmuck (siehe Nr. 94), keine Handtaschen (siehe Nr. 93) und nur Schuhe mit stets derselben Absatzhöhe (siehe Nr. 91) tragen.

Das soll nicht heißen, daß wir Frauen uns wie die Männer kleiden sollen. Aber es ist ganz gewiß möglich, sich eine einfache, funktionale, typisch weibliche Garderobe zuzulegen, wenn wir uns hinsichtlich der Mode einige *Prinzipien* der Männer zu eigen machen.

23.
Schränken Sie Ihre
Freizeitaktivitäten ein

Wenn Sie Ihr Vereinfachungsprogramm aus der Notwendigkeit oder dem Wunsch nach einer Ausgabenverringerung begonnen haben, reduzierten Sie wahrscheinlich als erstes die Kosten für Ihre Freizeitvergnügungen. Wenn Sie nach Einfachheit im Lebensstil streben, um unter anderem von der Überholspur runterzukommen, werden Sie als erstes ihre abendlichen Unternehmungen einschränken. Das bedeutet die Einschränkung Ihres Nachtlebens und zugleich die Suche nach anderen Aktivitäten, vielleicht innerhalb der Familie.

Die finanziellen Vorteile, die sich aus der Meidung von Freizeitvergnügungen ergeben, wie den Besuch von Kinos, Theatern, Opern, Konzerten, Kabaretts und Nachtclubs, liegen auf der Hand. Der daraus resultierende ganz persönliche Vorteil ist vielleicht zunächst nicht ganz so augenfällig. Schließlich unterlagen wir in den letzen Jahren dem Zwang, zu handeln, ständig in Bewegung zu sein und alle Erfahrungen zu sammeln, die mit Geld zu kaufen sind. Und dabei wurden häufig die Dinge, die wir wirklich *gern* tun würden, aus dem Blickfeld verloren.

Kürzlich nahm ich an einem Treffen mit einem Dutzend beruflich hochkarätiger Leute teil. Wir fingen an, über unsere Freizeitziele zu sprechen und darüber, wie selten wir es uns erlauben, zu uns zu kommen. Und wir beschlossen, jeweils eine Liste mit den Dingen, die wir wirklich gern tun würden, anzufertigen.

Diese Listen beinhalteten Dinge wie:

Einem Sonnenuntergang zuschauen. Einen Sonnenaufgang beobachten. Ein Spaziergang am Strand oder im Park oder einen Bergpfad entlang. Ein Schwatz mit einer Freundin. Im Buchladen herumstöbern. Ein gutes Buch lesen. Gärtnern. Ein Schläfchen machen. Eine ruhige Zeit mit dem Ehepartner verbringen. Eine ruhige Zeit mit den Kindern verbringen. Unser bevorzugtes Musikstück hören. Einen Lieblingsfilm anschauen. Mit unseren Haustieren Zeit verbringen. In unserem Lieblingssessel sitzen und *nichts* tun.

Wir waren überrascht und erfreut festzustellen, daß die meisten der von uns angeführten Dinge wenig oder gar kein Geld kosten, keine teure Ausrüstung erfordern und jedem Menschen, der will, zugänglich sind. Unsere bevorzugten Vergnügungen waren zum großen Teil einfache Vergnügungen.

Ich gebe nicht vor, daß es sich bei dieser kleinen Gruppe um ein repräsentatives Beispiel handelt. Aber bei meinen Reisen durchs Land und Gesprächen mit Menschen über eine Vereinfachung ihres Lebens höre ich immer wieder dieselben Geschichten. Die Leute haben es satt, von den Fangarmen der Unterhaltungsindustrie umgarnt zu werden. Sie merken allmählich, daß die besten Dinge im Leben tatsächlich gratis sind, und daß weniger tun mehr haben bedeuten kann – mehr Heiterkeit, mehr Glück, mehr inneren Frieden.

Ich möchte Sie dazu auffordern, Ihre eigene Liste von den Dingen zu erstellen, die Sie und Ihre Familie wirklich gern tun. Und dann Ihr Leben so einzurichten, daß Sie jeden Tag die Zeit haben, so viele dieser Dinge wie möglich zu tun.

24.
Gestalten Sie Ihre Abendessen weniger zeitaufwendig

Was Gibbs und ich zu Beginn unseres Vereinfachungsprogramms genau unter die Lupe nahmen, waren unsere
Abendessen mit Freunden. Wir verbringen sehr gern einen
Abend mit lieben Freunden, aber da wir beide die Vorbereitungen dafür ungern erledigten, wurde uns klar, daß der
Zeit- und Energieaufwand für ein auch nur ganz bescheidenes Abendessen das Maß überschritt, was wir beide für gut
befanden. Glücklicherweise stimmten dem auch die meisten unserer Freunde zu, nachdem sie begriffen hatten, was
die Zubereitung für uns für einen Aufwand bedeutete.

Nun treffen wir unsere Freunde regelmäßig in einem der
örtlichen Restaurants, um den Abend miteinander zu verbringen, wobei jeder für sich bezahlt. Das erspart uns das
Einkaufen, die Vorbereitungen, das Kochen und Saubermä-
chen und läßt uns die Zeit und Energie, unsere Gesellschaft
zu genießen. Das muß nicht teuer sein und auch nicht dick
machen, wenn man sich zum Beispiel die Vorspeise teilt
(Nr. 58). Es braucht auch nicht unbedingt ein Abend zu
sein. Der Samstag- und Sonntagmorgen sind ebenfalls sehr
gute Gelegenheiten, um mit Freunden entspannt essen zu
gehen.

Andererseits kennen wir einige Leute, die den Besuch
von Restaurants ablehnen. Sie denken dabei an die Kosten,
den Lärm, das Passivrauchen und den Mangel an In-

timsphäre in den meisten Restaurants. Wie wir, kochen auch sie nicht allzugern und haben sich deshalb wieder auf den guten alten Brauch besonnen, wonach jeder einfach etwas zum Essen mitbringt. Allerdings haben sie für diese geselligen Zusammenkünfte ein paar Regeln aufgestellt. Die Leute können mitbringen, was sie wollen, solange es nicht allzu kalorienhaltig ist. Dabei sollte die Portion nicht zu groß sein und in einen Kochwettbewerb sollte diese Angelegenheit auch nicht ausarten.

25.
Schalten Sie den Fernseher ab

Untersuchungen haben ergeben, daß der Fernseher in einem typischen amerikanischen Haushalt täglich etwa sieben Stunden eingeschaltet ist. Wenn Sie sich in den letzten Jahren auf der Überholspur, was Ihre beruflichen Ambitionen betrifft, befunden haben, hatten Sie vermutlich wenig Zeit, sich vor dem Fernseher niederzulassen. Aber vielleicht verbringen Sie doch mehr Zeit vor dem Fernseher, als Sie meinen. Vielleicht haben Sie nie darüber nachgedacht, wie sich das Fernsehen auf Sie und Ihre Familie auswirkt und wie es Ihre Kaufgewohnheiten und Ihren Lebensstil diktiert. Bitte machen Sie sich Gedanken darüber.

Denken Sie darüber nach, ob das Leben, wie es im Fernsehen dargestellt wird, sich positiv auf Ihr Leben auswirkt, oder ob sich die ewigen Darbietungen von Verbrechen und Gewalt auf Ihren inneren Frieden negativ auswirken. Denken Sie darüber nach, ob die Nachrichten in üblicher 30-Sekunden-Manier Sie wirklich informieren. Denken Sie darüber nach, ob das Suchtverhalten in bezug auf das Fernsehen zu einem Gefühl der Lebendigkeit, der Spontaneität und der Freiheit beiträgt.

Und überlegen Sie, falls Sie beschlossen haben, Ihr Bedürfnis nach Gütern und Dienstleistungen zurückzuschrauben (Nr. 42), was das Fernsehwerbung dazu beiträgt.

Der bei weitem höchste Prozentsatz der über 125 Milliarden Dollar, die im letzten Jahr in den USA für Werbung ausgegeben wurden, entfiel auf die Werbespots im Fernsehen. Christopher Lasch hat in seinem Bestseller *Die Kultur des Narzißmus* darauf hingewiesen, daß die moderne Werbung einen Konsumenten erschafft, der »ständig unzufrieden, rastlos, voller Angst und gelangweilt« ist. Wenn man sich allein den Prozentsatz der für die Fernsehwerbung ausgegebenen Dollar ansieht, kann man logischerweise davon ausgehen, daß das Fernsehen mehr dazu beigetragen hat, das Konsumverhalten der 80er Jahre und »die neuen, für unsere moderne Zeit so charakteristischen Formen der Unzufriedenheit«, wie Lasch sagt, als jedes andere Medium.

Wenn Sie den Verdacht haben, daß Ihre Fernsehgewohnheiten Ihr Leben negativ beeinflussen, dann schlage ich vor, daß Sie Marie Winns Buch *Unplugging the Plug-in Drug* lesen. Es beschreibt die Fernsehsucht und bietet ein leicht zu befolgendes Programm in mehreren Schritten an, mit dessen Hilfe Sie und Ihre Kinder die Zeit vor dem Fernseher reduzieren oder auf Null bringen können.

Erstellen Sie eine Liste von den Dingen, die Sie entweder allein oder mit Ihrer Familie tun können, um das Sitzen vor dem Fernseher zu ersetzen. Sie könnten wieder Klassiker lesen oder laut aus ihren Lieblingstheaterstücken vorlesen. Sie könnten Brettspiele oder andere Spiele mit der Familie spielen wie Scharade, Monopoly oder Trivial Pursuit. Oder suchen Sie sich ein Hobby, das Sie besonders gerne mögen.

Wenn Sie fernsehsüchtig waren und Sie diese Sucht losgeworden sind, wird Ihr Leben nun mit Sicherheit einfacher. Es gibt Leute, die ein Lied davon singen können.

26.
Reduzieren Sie Ihren Postmüll

Die Amerikaner erhalten jedes Jahr an die zwei Millionen Tonnen Postmüll – Kataloge, Werbematerialien, von denen die Hälfte nie geöffnet oder gelesen wird. Für die andere Hälfte, die gelesen wird, brauchen wir etwa drei bis vier Tage im Jahr, nur um sie zu *öffnen*. Über die Zeit, die wir mit dem Lesen von Katalogen verbringen, die voller Dinge sind, die wir nicht brauchen, lassen sich nur Vermutungen anstellen. Was für eine Verschwendung. Und was für ein Ärgernis. Vor allem wenn Sie so ein Mensch sind wie eine gute Freundin von mir, die jedesmal ein schlechtes Gewissen hat, wenn sie auf eine zugeschickte Spendenbitte für karitative Zwecke nicht reagiert.

Abgesehen von der lästigen Plage, die dieser Postmüll für uns persönlich darstellt, belastet er unsere Umwelt ungeheuerlich. Wenn wir diesen unwillkommenen Kram abschaffen würden, könnte das im Jahr einhundert Millionen Bäume retten.

Glücklicherweise können wir etwas zur Reduzierung dieser Papierflut unternehmen.

Sie können an Ihrem Briefkasten eine Aufschrift mit der Bitte anbringen, keine Werbung einzuwerfen.

Sie können verlangen, daß Ihr Name und Ihre Adresse nicht an Firmen, die mit Adressenlisten handeln, verkauft werden.

Schreiben Sie, wenn Sie um die Zusendung eines Katalogs bitten, dazu, daß Sie nicht in die Adressenliste aufgenommen werden wollen, oder daß, wenn Sie die Kataloge dieser speziellen Firma weiterhin zugeschickt bekommen, nicht noch mehr wollen, Ihr Name nicht weitergegeben werden darf. Die meisten seriösen Firmen halten sich an diese Bitte.

Sortieren Sie, wenn Sie sich noch nicht aus den diversen Adressenlisten haben streichen lassen, Ihre Post über einem Papierkorb oder einer Altpapiertonne. Lernen Sie, hier gnadenlos vorzugehen. Werfen Sie das Zeug lieber gleich weg anstatt abzuwarten, bis Ihnen der Papierberg über den Kopf gewachsen ist.

Würde es Ihr Leben nicht vereinfachen, wenn Sie die Menge an Post, die Sie täglich durchzugehen haben, um 50 Prozent reduzieren könnten?

27.
Bestellen Sie Ihre Zeitschriften ab

Ich habe eine Freundin, die jeden Monat Dutzende an Konsumenten gerichtete Zeitschriften liest. Sie hat einen aufregenden und befriedigenden Beruf, lebt in einem schönen Haus, hat zwei reizende und talentierte Töchter, und die ganze Familie ist gesund. Aus diesen und auch vielen anderen Gründen könnte sie überglücklich sein. Doch kürzlich durchlebte sie eine längere Phase, in der sie vom Gedanken besessen war, daß sie nicht glücklich und ihr Leben nicht so sei, wie es sein sollte.

Eines Tages sah ich zufällig den Stapel an Zeitschriften auf ihrem Schreibtisch durch. Und plötzlich ging mir ein Licht auf: Einer der Gründe, warum sie glaubte, so unglücklich zu sein, war der, daß sie ihr Leben an dem unrealistischen Lebensstil maß, der in diesen Zeitschriften propagiert wird.

Die meisten dieser an die Konsumenten gerichteten Zeitschriften sind nicht viel mehr als eine Marionette der Werbebranche. Eines ihrer Hauptziele besteht darin, uns zum Kauf der Produkte zu bewegen, für die sie werben. Monat für Monat, Jahr für Jahr schaffen sie in uns Erwartungen in bezug auf unser Leben, was uns oft nicht einmal bewußt ist.

Tatsächlich gibt es, vielleicht mit Ausnahme des Fernsehens, wenig Orte, wo die Idee des ungezügelten Konsums unterschwelliger und verführerischer propagiert wird als in den Werbeanzeigen dieser Zeitschriften. Für die Werbung in den amerikanischen Printmedien werden jetzt jährlich über 100 *Milliarden* Dollar ausgegeben. So überrascht es nicht, wenn über diese unendliche Vielzahl an farbenprächtigen und anreizenden Werbeseiten unsere Mode-, Koch- und Eßtrends bestimmt werden, wenn dadurch unser Gesellschaftsleben geregelt und geführt wird. Sie ermuntern uns zum Rauchen, zum Trinken, zum Fahren schneller Autos, zum Kauf teurer Kleider, von Schmuck, Möbeln und von Hunderten anderer Produkte, die wir meist gar nicht wirklich wollen, uns oft gar nicht leisten können und die zudem selten das einhalten, was die Werbung verspricht. Wer von uns ist wirklich davon überzeugt, daß das Trinken von Johnnie Walker eine Frau für einen Mann attraktiver macht?

Vielleicht sollten Sie einmal darüber nachdenken, ob die Zeitschriften, die Sie lesen, sich darauf auswirken, wie Sie Ihre Zeit verbringen und für was Sie Geld ausgeben. Sollten Sie viele Ihrer Kaufgewohnheiten auf die Lektüre dieser Zeitschriften zurückführen können, wäre es vielleicht an der Zeit, die Abos zu kündigen. Das ist eine der am leichtesten durchführbaren Möglichkeiten, die Zahl der Botschaften des »Kauf! Kauf! Kauf!«, denen wir jeden Tag ausgesetzt sind, zu reduzieren und sich von Konsumsüchten zu befreien.

Wenn Sie zeitschriftensüchtig sind, dann gehen Sie hier radikal auf Entzug. Suchen Sie sich neue Interessen oder Hobbys oder andere Lektüre, um die Zeit auszufüllen, die Sie bisher mit diesen Zeitschriften verbracht haben. Sie werden sich wundern, wieviel Zeit Sie nun haben, um die Dinge zu tun, die Sie wirklich gerne tun.

28.
Bestellen Sie Ihre
Tageszeitungen ab

Wir haben gute Freunde, die es sich nie zur Gewohnheit gemacht haben, eine Tageszeitung zu lesen. Er ist Physiker, sie Malerin. Bevor sie sich kürzlich ein Videogerät zulegten, um sich ihre Lieblingsfilme anschauen zu können, hatten sie auch nie einen Fernseher besessen. Sie sahen sich nie die Nachrichten im Fernsehen an. Wenn die meisten anderen Leute ihre Morgenzeitung lesen, liest dieses Paar seine Lieblingsromane.

Wenn die beiden gefragt werden, wie sie es aushalten, sich nicht über das Neueste vom Tage zu informieren, antworten sie nur, daß sie das zu deprimierend finden. Sie halten sich in bezug auf ihren Beruf und das globale Geschehen durch die Lektüre von Fachzeitschriften auf dem laufenden. Beide haben das Gefühl, mit ihrer Arbeit ihren Beitrag zum Weltgeschehen zu leisten und fühlen sich nicht verpflichtet, den Erwartungen anderer Menschen hinsichtlich eines ständigen Informiertseins über die laufenden Ereignisse entsprechen zu müssen.

Sie sind sehr gebildete, belesene, interessante, vitale Menschen, die schon vor langer Zeit zum Schluß kamen, daß die Lektüre der Tageszeitung nicht zu ihrem Seelenheil beitrug, und dann ihr Leben dementsprechend einrichteten.

Wenn Sie die schlechten Nachrichten satt haben, aber

den Gedanken an einen vollständigen Verzicht auf Ihre tägliche Zeitungslektüre nicht ertragen können, könnten Sie wenigstens mal in Erwägung ziehen, sie für nur ein oder zwei Monate aufzugeben. Das habe ich getan, und ich kann Ihnen versichern, daß es mir, wenn ich mir ab und zu eine Pause von den Nachrichten gönne, leichter fällt, zwischen den Neuigkeiten, die ich meinem Gefühl nach zur Kenntnis nehmen möchte oder muß, und all den negativen Informationen, die mein Leben, ohne es positiv zu beeinflussen, komplizierter machen, zu unterscheiden.

Wenn ich Menschen, die demnächst von der Überholspur runterkommen wollen, vorschlage, doch den Versuch zu machen, ihre tägliche Zeitungslektüre zu streichen, zeigen sie sich immer wieder geschockt. Doch wenn sie es dann letztendlich versuchen, stellen sie fest, daß es gar nicht so schwer ist mit dieser Gewohnheit zu brechen, vor allem wenn sie eine zufriedenstellende Ersatztätigkeit gefunden haben. Wenn Sie den negativen Einflüssen, denen Sie jeden Tag ausgesetzt sind, die kalte Schulter zeigen, stellt das einen positiven Schritt in die Richtung eines einfacheren Lebens dar.

Wenn Sie den Versuch machen, Ihr Bedürfnis an Gütern und Dienstleistungen einzuschränken, sollten Sie nicht vergessen, daß zum Beispiel in den USA pro Jahr 8 Milliarden Dollar für die Werbung in Zeitungen ausgegeben werden. Wenn Sie sich nicht mehr länger diesem Konsumzwang durch die Medien aussetzen wollen, sollten Sie gleich einmal das Zeitungsabonnement kündigen.

29.
Stellen Sie die
»Bitte warten«-Schaltung ab

In den USA nehmen viele Menschen das Angebot der Telefongesellschaften wahr, auch bei ihren privaten Telefonan-
schlüssen auf »bitte warten« schalten zu können, was natürlich ein paar Dollar mehr im Monat kostet. Ich weiß, daß
mir hier nicht jedermann zustimmen wird, aber meiner
Meinung nach gibt es nur wenige »Annehmlichkeiten« des
modernen Telefonzeitalters, die noch irritierender sind.

Haben wir so sehr die Kunst der Kommunikation verlernt, daß wir die Anrufer nicht mehr direkt ansprechen
und sagen können: »Entschuldigen Sie bitte, aber können
Sie später noch einmal anrufen? Ich erwarte gerade einen
wichtigen Anruf.« Oder vielleicht noch etwas präziser: »Da
ist jemand anders, mit dem ich im Moment lieber sprechen
möchte.« Sind die Telefonanrufe, die wir heutzutage bekommen, so wichtig, daß wir nicht damit zufrieden sind,
einen Menschen in der Leitung zu haben, sondern deren
zwei brauchen? Sind unsere Zeitpläne so außer Kontrolle
geraten, daß wir die Telefongesellschaft dafür bezahlen
müssen, daß sie die Leitung für uns offenhält?

Bei kleinen Firmen, die die Kosten einer Vielzahl von Tele-
fonanschlüssen vermeiden wollen, mag diese Einrichtung
ja möglicherweise gerechtfertigt sein. Aber ich kann nicht
glauben, daß das Abstimmen zweier Telefonanrufe auf einer
Leitung das Privatleben eines Menschen einfacher macht.

30.
Gehen Sie nicht ans Telefon,
nur weil es klingelt

Ich weiß, es gibt Menschen, die unfähig sind, ein Telefon mal klingeln zu lassen, ohne dranzugehn. Ich bin mit so jemandem verheiratet. Und ich gebe zu, daß es jahrelange Telefonerfahrung brauchte, bis ich endlich mein Herz gegenüber einem klingelnden Telefon verhärten konnte. Aber jetzt ist es endlich soweit, ich habe es geschafft.

Zwar handelt es sich hier nur um eine Lappalie innerhalb des Vereinfachungsprogramms, aber die Tatsache, daß es jemand gerade bequem findet, Sie anzurufen, bedeutet noch nicht, daß es auch Ihnen in den Kram paßt. Denken Sie nur an die vielen Male, die Sie ein klingelndes Telefon aus dem tiefen Schlaf riß, Sie aus der Badewanne holte, Sie beim Essen störte, ein interessantes Gespräch unterbrach, Sie bei einer wichtigen Arbeit störte, leidenschaftlichen Sex oder einfach einen ruhigen Abend der erholsamen Stille unterbrach.

Ich kann nur sagen, Gott sei Dank gibt es den Anrufbeantworter. Jetzt können Sie wenigstens Ihre Telefonanrufe so dirigieren, daß Sie nur mit den Personen reden, mit denen Sie, zum von Ihnen gewünschten Zeitpunkt, auch reden wollen.

Wenn Sie keinen Anrufbeantworter haben, können Sie das Klingeln des Apparats ganz leise stellen, wenn Sie nicht gestört werden wollen.

Das Telefon gehört ohne Frage zu den bequemsten Einrichtungen in unserer modernen Welt. Aber es kann auch das größte Ärgernis bereiten, wenn wir nicht lernen, es zu unserem Vorteil und nicht dem anderer Personen zu nutzen.

31.
Gehen Sie auch nicht an die Tür,
nur weil es klingelt

Eine klingelnde Türglocke hat etwas Aufdringliches an sich. Sie unterscheidet sich vom klingelnden Telefon, denn wer immer es ist, er steht *direkt* auf der anderen Türseite. Ich kann Ihnen gar nicht sagen, wie oft mir schon eine wunderbare Mahlzeit durch ein Klopfen an der Tür ruiniert wurde. Wir wurden alle dazu erzogen, Gäste höflich zu behandeln, auch wenn wir sie gar nicht eingeladen haben. Wir halten es für selbstverständlich, wenn wir uns selbst und unseren Familienmitgliedern die Laune vermiesen und zum Beispiel das Essen kalt werden lassen, um an die Tür zu gehen, wenn es klingelt, um mit jemandem zu reden, mit dem wir gar nicht reden wollen.

Ich habe mir angewöhnt, mit einer klingelnden Türglocke genauso zu verfahren wie mit einem klingelnden Telefon. Wenn ich nicht gerade eine Verabredung habe oder eine Freundin oder Post erwarte, gehe ich einfach nicht an die Tür, wenn es mir gerade nicht paßt. Meine Freunde wissen, daß sie erst anrufen müssen, wenn sie vorbeikommen wollen.

»Aber was ist, wenn der Postbote einen eingeschriebenen Brief für Dich hat?« fragte mich eine Freundin. Haben Sie schon jemals einen eingeschriebenen Brief mit *guten* Nachrichten bekommen? Also, ich kann's abwarten. »Aber es ist so unhöflich, nicht an die Tür zu gehen«, protestierte sie. Stimmt, zu dieser Denkweise sind wir erzogen worden. Aber ich finde inzwischen, daß es unhöflich ist, wenn jemand unangekündigt vor der Tür steht und von mir erwartet, daß ich alles stehen- und liegenlasse und die Tür aufmache, bloß weil es ihm oder ihr gerade paßt.

Ich gebe zu, daß dies eine gewisse Abhärtung in bezug auf Ihre gesellschaftlichen Umgangsformen erfordert. Aber wenn Sie ständig unangekündigte Besucher vor Ihrer Tür stehen haben, dann macht es Ihr Leben um vieles einfacher, wenn Sie lernen, auf eine klingelnde Türglocke nicht zu reagieren.

Oder installieren Sie einen Spion an der Tür, um wenigstens zu wissen, für wen Sie Ihre Tür öffnen und Ihre Zeit opfern.

32.
Schaffen Sie Ihr Autotelefon ab

Sie wissen bereits, daß ich den Ton eines klingelnden Telefons nicht besonders schätze. Daher ist auch zu verstehen, daß ich diesem Thema gegenüber ein bißchen voreingenommen bin.

Ich weiß, daß viele Menschen sich zu einem Autotelefon überreden ließen, als die Preise dafür sanken. Manche Menschen, wie etwa fast die Hälfte aller Immobilienmakler, die ich kenne, behaupten wohl mit Recht, daß sie ihren Geschäften ohne ihr Autotelefon nicht nachgehen könnten. Aber die meisten Menschen, die ich kenne, darunter auch einige der besagten Immobilienmakler, sagen auch, daß das Autotelefon eine dieser »Bequemlichkeiten« ist, die mehr Probleme schaffen, als eigentlich notwendig wären.

Erstens ist da der Sicherheitsfaktor, den weder die Hersteller noch die Telefongesellschaften, noch die Medien je angemessen zur Sprache gebracht haben. Viele Leute haben ihr Autotelefon wieder abgeschafft, nachdem sie beinahe einen Unfall gebaut haben, weil sie mit hundert Stundenkilometern die Autobahn entlangrasten, während sie ein wichtiges und schwieriges Telefongespräch führten. Schlimmer noch sind die Lebenskünstler, die damit beschäftigt sind, eine siebenstellige Nummer anzuwählen, während sie sich mit ihrem Sportwagen, die Hand am Schaltknüppel, durch den Stoßverkehr manövrieren.

Zweitens gibt es da die Frustration über die noch nicht vollkommen ausgereifte Technologie und die Telefonate, die immer wieder unterbrochen oder ganz abgebrochen werden, sobald die Grenze der telefonischen Reichweite überschritten wird. Wie kann man da noch von Bequemlichkeit sprechen?

Drittens, mal abgesehen von der Sicherheit, ist es doch der reine Irrsinn, wenn wir uns schon wieder darauf einlassen, mindestens zwei Dinge auf einmal zu tun. Haben wir das wirklich nötig?

Viertens sind da die Unkosten. Wenn Sie, wie mein Vater immer sagte, mehr Geld als Verstand besitzen, dann macht es wahrscheinlich nicht allzuviel aus, wenn Sie es leichtsinnig für Telefonate ausgeben, die Sie in den meisten Fällen und weitaus billiger auch von einem herkömmlichen Apparat aus führen können. Aber wenn Sie mit einem geringeren Budget auskommen müssen, sollten Sie vielleicht noch einmal ernsthaft darüber nachdenken, was Sie wirklich von einem Autotelefon haben.

33.
Wenn Sie Familienfeste nicht mögen, dann gehen Sie nicht hin

Die wichtigsten Festtage des Jahres bedeuten meist Streß. Seien Sie ehrlich. Wie oft haben Sie sich inbrünstig und möglicherweise offen und ehrlich gewünscht, den heutigen kommerzialisierten Weihnachtsrummel mit den damit verbundenen Einkäufen, Geschenken, Betriebsfeiern, Familienessen, dem Kochen, dem zuviel Essen, Trinken und Geldausgeben nicht mitmachen zu müssen; alles Dinge, die unser Leben keinesfalls einfacher, sondern eine ganze Menge komplizierter machen?

Ich weiß, daß es Menschen gibt, die es ungemein lieben, Weihnachten und all die anderen Festtage zu feiern. Wenn Sie zu ihnen gehören, dann ist das großartig – tun und genießen Sie es. Aber wenn Sie den Gedanken nicht ertragen können, auch nur noch ein einziges Weihnachtsessen durchstehen zu müssen, dann sind Sie damit nicht allein. Untersuchungen haben ergeben, daß für viele Menschen Weihnachten die deprimierendste Zeit des Jahres ist. Heute in unseren aufgeklärten 90er Jahren wissen wir, daß wir alle aus gestörten Familienverhältnissen kommen. Es gehört nicht viel dazu, endlich zuzugeben, daß diese Festtage nervtötend sind, und dann zu anderen Dingen überzugehen, die wir lieber tun.

Stellen Sie sich vor, wie Sie gerne die bislang auf die Festtage verwendete Zeit verbringen würden – gemütlich auf dem Sofa liegend mit einem Stapel guter Bücher, entspannt vor dem Videorecorder und Ihren Lieblingsfilmen sitzend, wandernd, Ski fahrend oder auch mit Ihrer Familie Gespräche führend – also genauso, wie Sie es gerne hätten.

Wir kennen ein Ehepaar mit drei Kindern im Teenageralter, das diese Feste überhaupt nicht mehr feiert und statt dessen zum Zelten geht. Das gibt ihnen die Möglichkeit, einander und der Natur nahe zu sein und dem Kommerz zu entfliehen, den sie aus ihrem Leben verbannen wollen.

Ein anderes uns bekanntes Ehepaar beschloß vor Jahren, daß Weihnachten nur etwas für Kinder ist. Sie kaufen oder basteln selbst Weihnachtsgeschenke für die Kinder, die ihnen etwas bedeuten, und geben jedes Jahr ihrer bevorzugten karitativen Organisation eine Spende für die Erwachsenen.

Kündigen Sie, um den Übergang so problemlos und schmerzlos wie möglich zu gestalten, all ihren Familienmitgliedern und Freunden rechtzeitig an, daß Sie Weihnachten (oder das Erntedankfest oder Ostern oder die Geburtstage von gewissen Personen oder ganz allgemein) nicht mehr feiern wollen oder nun anders gestalten werden, und erklären Sie auch die Gründe dafür. Lassen Sie sie wissen, daß Sie Ihre Festtage anders verbringen wollen.

Machen Sie sich klar, daß nicht jedermann Ihre Einstellung verstehen wird und manche sich sogar verletzt fühlen mögen. Sollten Ihre Schuldgefühle überwiegen, müssen Sie vielleicht einen Kompromiß eingehen: Feiern Sie das Erntedankfest (in den USA das Familienfest des Jahres), aber kein Weihnachten. Oder was immer.

Denken Sie auch daran, daß manche vielleicht so tun, als seien sie verletzt, im Grunde aber hocherfreut sind, wenn sie nicht noch ein weiteres Weihnachtsfest erdulden müssen, jedoch zu sehr an den Traditionen hängen, um dies zugeben zu können.

Denken Sie einfach nach. Wenn Sie jetzt handeln, können Sie den größten Streß des Jahres vermeiden. Vergeuden Sie keinen weiteren Augenblick. Feiern Sie Weihnachten dieses Jahr auf Ihre Weise.

34.
Verschicken Sie keine Weihnachts-
und Neujahrsgrüße mehr

»Was, keine Weihnachts- und Neujahrsgrüße mehr verschicken? Du machst wohl Witze«, stöhnte eine meiner
Freundinnen. »Das gerade liebe ich an Weihnachten besonders.«

Wenn Sie wie meine Freundin gerne Weihnachts- und
Neujahrsgrüße verschicken, dann sollten Sie das auch unbedingt tun; mein Vorschlag ist nicht an sie gerichtet. Er
richtet sich an all die Menschen, die sich schon Mitte Juli
Sorgen machen, weil sie noch nicht ihre Weihnachtskarten
ausgesucht haben, und an all die, die Ende November be-
schämt zugeben, daß sie sich noch immer nicht um ihre
Weihnachtskarten gekümmert haben, und an all die, die
Mitte Dezember jammern, daß sie noch keine Zeit hatten,
bei der Post Briefmarken zu besorgen und keine Ahnung
haben, wie sie ihre Weihnachts- und Neujahrsgrüße noch
rechtzeitig auf den Weg bringen sollen.

Und er wendet sich auch an all die Menschen, die ihre
Karten mit vorgedruckter Unterschrift verschicken. Es
macht große Freude, persönlich ausgesuchte oder mit eige-
ner Hand liebevoll gestaltete Weihnachtsgrüße zu bekommen. Überraschend aber ist, daß angesichts des heutigen
Umweltbewußtseins viele Menschen und Firmen nach wie
vor Weihnachtsgrüße mit vorgedruckter Unterschrift oder
von ihrer Sekretärin unterschrieben als Massensendungen

bei der Post aufgeben. Ich habe nie begriffen, was das eigentlich soll oder warum sich jemand damit überhaupt abgibt, wenn er die Post nicht einmal selbst adressiert, unterzeichnet und mit einer Briefmarke versieht.

Für viele Leute sind diese mit vorgedruckter Unterschrift versehenen Weihnachts- und Neujahrsgrüße ein Symbol dafür, daß etwas an Weihnachten nicht mehr stimmen kann. Sie sind unpersönlich, kommerziell, teuer, die dahinterstehende Botschaft ist keineswegs positiv, sie überschütten unser Leben mit unnützen Dingen und stellen eine Vergeudung von Naturressourcen dar.

Ich nehme an, daß kein Mensch, der ein Buch über das Thema Einfachheit liest, sich solcher Sünden schuldig macht, aber wenn Sie jemanden kennen, der es tut, könnten Sie dieser Person vielleicht vorschlagen, statt dessen einer umweltdienlichen Sache eine Spende zukommen zu lassen.

35.
Schenken leichtgemacht

Ich habe eine Freundin, die eine ziemlich weit verzweigte Familie hat, und alle machen einander bei Geburtstagen, Jahrestagen, Weihnachten und anderen Festtagen Geschenke. Kaum ein Monat vergeht, ohne daß sie sich nicht mit der Frage abquälen muß, was sie irgendeinem Familienmitglied, dessen Geburtstag heranrückt, schenken soll. Unvermeidlicherweise kommt sie dann auf irgend etwas, mit dem sie nicht glücklich ist. Und gewöhnlich ist es auch der Beschenkte nicht, was beide natürlich nicht zugeben.

Beim Versuch, zu einer einfachen Lösung für dieses ewige Problem der Schenkerei zu kommen, ließ ich mich von den Hobbits in J.R.R. Tolkiens epischem Fantasyroman inspirieren. Ein Hobbit kauft nie ein Geschenk, sondern gibt statt dessen ein *mathom*. Damit ist ein Gegenstand von gewissem Wert gemeint, für den man keine Verwendung finden kann, den man aber auch nicht einfach wegwerfen will.

Als wir mit unserer Entrümpelung anfingen (Nr. 1), ließ ich in unserem Wäscheschrank Platz frei für Gegenstände, die sich gut als Präsente eignen, die man weiterschenken kann. Dazu gehören Dinge wie Vasen, Tabletts, Karaffen, kleine dekorative Schalen und Schachteln, Toaster, Küchengeräte, Spiele, für die wir keine Verwendung mehr haben, und alles, was ich sonst noch loswerden will (Nr. 99) und was sich als Geschenk hervorragend eignet.

Ich ließ meine Familienmitglieder und Freunde wissen, daß ich von nun an keine Geschenke mehr kaufen, sondern nur noch diese Dinge aus meinem Präsentbestand verschenken würde. Ich meine, wenn Sie einer geliebten Person etwas schenken, für das sie sehr wahrscheinlich keine Verwendung hat, sollte sich zumindest eine persönliche Geschichte damit verbinden.

Wenn sich nun heute eine Situation ergibt, in der ein Geschenk angebracht wäre, suche ich in unserem Schrank nach einem geeigneten Präsent. Ich ließ alle meine Freunde auch wissen, daß sie ihrerseits diese »Schätze« bei passender Gelegenheit weitergeben (oder jemandem andrehen) dürfen.

Wenn Sie eine Gabe fürs Geschenkemachen haben, dann lassen Sie uns, die wir sie nicht besitzen, daran teilhaben. Doch wenn der Kauf von Geschenken für Sie jedesmal eine Angelegenheit zum Haareausraufen bedeutet, dann überlegen Sie sich, ob Sie nicht mein System übernehmen wollen. Statt ungezählte Stunden mit dem Aussuchen und dem Kauf von Geschenken zu verbringen, die dann doch nicht gefallen, können Sie gleich an Ihren angelegten Präsentevorrat gehen und etwas finden, das auf keinen Fall paßt.

Übrigens stellen hier all die Geschenke, die *Sie* über die Jahre hinweg bekommen haben und die auch nicht besonders passend waren, eine ausgezeichnete Quelle dar.

Vergessen Sie auch nicht, dafür zu sorgen, daß Ihre Kinder ebenfalls eine Kiste für solche Präsente einrichten, in der sie zum Beispiel all das Spielzeug, das sie nicht mehr brauchen, verstauen. Bringen Sie ihnen bei, es an jüngere Kinder zu verschenken, die sich über ein solches, für sie neues Spielzeug sehr freuen würden. Damit recyceln Sie Kinderspielzeug ganz natürlich und entrümpeln Ihr Haus.

36.
Das Geheimnis des Reisens mit wenig Gepäck

Mein Mann ist unter anderem Reiseschriftsteller. In den fünfzehn Jahren unserer Ehe sind wir Zehntausende von Kilometern um die Welt gereist. Wir haben gewaltige Ozeane in winzigen Jachten überquert; wir sind mit dem Zug durch wüste Länder gefahren; wir sind ruhige Flüsse stromaufwärts und Wildwasserflüsse hinuntergepaddelt; wir haben dichtbewachsene Berge erklommen; wir haben viele Hauptstädte dieser Welt erkundet.

Wenn wir in diesen Jahren eines gelernt haben, so ist es das Reisen mit leichtem Gepäck, wobei wir aber immer alles Nötige dabei haben. Na ja, fast alles.

Viele Reisende machen den Fehler, daß sie nicht nur alle Dinge einpacken, die sie für eine zweiwöchige Reise brauchen, sondern dazu noch all die Dinge, die sie brauchen *könnten*. Hier sind ein paar Tips, wie Sie das vermeiden können.

- Beginnen Sie Ihre Urlaubsreise damit, daß Sie eine Liste der verschiedenen Kleidungsstücke erstellen, die Sie mitnehmen möchten. Also elegante, legere, sportive Kleidung und etwas für die Cocktailstunde. Streichen Sie dann alles wieder mit Ausnahme der legeren Kleidung, denn das ist alles, was Sie während der meisten Reisen tragen werden.

- Gehen Sie zum Kleiderschrank und nehmen Sie alles,

was Sie an geeigneter legerer Garderobe haben, heraus. (Da Sie Ihre Garderobe bereits aufs Nötigste reduziert haben [Nr. 22], werden Sie auch nicht zuviel zur Auswahl haben.) Legen Sie die Kleidungsstücke zusammen und legen Sie sie in Stapeln auf das Bett, Blusen im einen Stapel, Hosen im anderen und so weiter. Hängen Sie dann mindestens die Hälfte der Dinge eines jeden Stapels wieder in den Schrank zurück. Sehen wir der Tatsache ins Auge: Wenn Sie an Ihrem Reiseziel angekommen sind und denken, daß Sie etwas brauchen, kommen Sie in den meisten Fällen auch ohne das Ding zurecht. DAS IST DAS GEHEIMNIS DES REISENS MIT LEICHTEM GEPÄCK. ES IST SO WENIG, WAS WIR WIRKLICH BRAUCHEN, UND WIR KÖNNEN AUCH IMMER OHNE ES AUSKOMMEN. (Darin liegt auch das Geheimnis der Vereinfachung unseres Lebens.)

- Tragen Sie und nehmen Sie nur dunkelfarbige Kleidung mit.
- Gehen Sie sicher, daß sich alle Kleidungsstücke miteinander kombinieren lassen.
- Nehmen Sie immer, auch an Orte mit heißem Klima, einen Blazer, ein Jackett oder eine Weste mit so vielen Taschen wie möglich mit, die sich sowohl für legere wie notfalls auch elegante Kleidung eignen.
- Nehmen Sie nur soviel mit, wie in einen dieser Handkoffer mit Rollen paßt, den Sie mit an Bord nehmen können. Wir empfehlen hier einen leichten aus Stoff, weil mehr in ihn hineinpaßt. Wenn sich allerdings ein Elephant darauf niedergelassen hat, brauchen Sie einen neuen. Nehmen Sie einen mit vielen Außentaschen, in denen Sie die Tickets, ihre Reiselektüre und anderes bequem verstauen können. Dann brauchen Sie keine zweite Tasche.

- Besorgen Sie sich einen dieser aufklappbaren Kulturbeutel oder Kosmetiktaschen, die Sie an der Tür oder im Bad aufhängen können und die sich leicht im Handgepäck unterbringen lassen. (Wenn Sie ein Mann sind, haben Sie wahrscheinlich, was das betrifft, schon eine simple Ausrüstung; wenn Sie eine Frau sind und gelernt haben, sich in zehn Minuten umwerfend zurechtzumachen [Nr. 90], brauchen Sie keinen Fön oder irgendwas von diesen Dingen.)
- Nehmen Sie nur zwei Paar bequeme Schuhe mit derselben Absatzhöhe mit (vorzugsweise mit niedrigem Absatz).

Stellen Sie sich vor, wie einfach es wäre, einen Monat lang durch die halbe Welt zu reisen und nur einen kleinen Koffer dabeizuhaben, den Sie problemlos durch hektischen Verkehr, Treppen hinauf und hinunter, über Eisenbahnschienen, über Grashügel und Kopfsteinpflaster rollen und bugsieren können.

37.
Machen Sie zu Hause Urlaub

Mein Mann und ich haben schon einige der lustigsten und entspanndsten Ferien zu Hause verbracht. Wenn Sie mit Ihrem Vereinfachungsprogramm gerade anfangen, so fangen Sie am besten gleich mit Ihrem Urlaub an.

Sie könnten Ihre Ferien damit beginnen, daß Sie all das Gerümpel in Ihrem Leben ausmisten (Nr. 1). Wenn Sie ein Familienprojekt daraus machen, macht das nicht nur Spaß, sondern Sie können sich auch gegenseitig kontrollieren, damit niemand schummelt.

Ein Urlaub zu Hause ist auch eine gute Zeit, um mit einem neuen Hobby zu beginnen (Nr. 53) oder Ihr Haus für das Reinigungsverfahren im Eiltempo in Schuß zu bringen (Nr. 3) oder einen Garten anzulegen (Nr. 6) oder eine Reihe von Dingen zu tun, die Sie schon immer tun wollten, für die Sie aber bislang keine Zeit hatten, weil Sie zu beschäftigt oder nie zu Hause waren.

Einen Urlaub haben wir damit verbracht, uns mit unserem Wohnort vertraut zu machen. Wir merkten nämlich, daß es viele Besucher gab, die unsere Gegend in gewisser Hinsicht besser kannten als wir. So nahmen wir uns einen Tag, um alle Kunstgalerien und Museen zu besuchen. An einem anderen Tag gingen wir durch jede Straße im Innenstadtbereich. Wir entdeckten neue Läden und Veränderungen, die wir bislang gar nicht wahrgenommen hatten. An einem anderen Tag spazierten wir durch verschiedene Wohngegenden, sahen neue Häuser und Anbauten und erkundeten die lokale Flora und Fauna. Wir machten auch Picknicks am Strand und in ein paar der örtlichen Parks. Alles das trug zu einem neuen Gefühl des Stolzes und der Vertrautheit mit unserem Wohnort bei.

Sie können auch einen Urlaub zu Hause dazu verwenden, all die Bücher zu lesen, die zu lesen Sie sich vorgenommen haben. Und wenn Sie beim Lesen eine Pause einlegen wollen, können Sie sich neue Videos Ihrer Lieblingsfilme ansehen. Ein solcher Urlaub bietet Ihnen auch die exzellente Gelegenheit zur Vereinfachung Ihres Essensprogramms (Nr. 57), zum Start Ihres täglichen Fitneßprogramms (Nr. 63) oder die Möglichkeit, mit dem Bau eines Modellschiffs zu beginnen, wie Sie es Ihren Kindern versprochen haben. Oder Sie könnten Urlaub machen und lernen, absolut nichts zu tun (Nr. 82).

TIP: Es ist oft leichter, wenn Sie Ihren Arbeitskollegen, Freunden und vor allem Ihren Familienangehörigen mitteilen, daß Sie Urlaub machen und »weg sind«. Ansonsten könnte es Ihnen passieren, daß Ihre Urlaubszeit von den Krisen anderer Menschen beherrscht wird.

DREI

Ihre Finanzen

38.
Werden Sie Ihre Schulden los

Während ihres ganzen Lebens befolgten meine Eltern eine eiserne Regel, wenn es um die Finanzen ging. Wenn sie nicht das nötige Geld bar in der Hand hatten, kauften sie nichts. Mit der Ausnahme einer Hypothek auf ihrem Haus machten sie niemals Schulden. Sie weigerten sich einfach, sich die nach dem Zweiten Weltkrieg aufkommende Mentalität des »Kauf jetzt und bezahl später« zu eigen zu machen, die uns zu einer Nation von Konsumenten und Schuldnern hat werden lassen. Wenn sie ein neues Möbelstück oder eine größere Anschaffung brauchten, nahmen sie das Geld aus ihrem »Reservefond« oder legten, wenn der erschöpft war, jeden Monat etwas Geld beiseite und *warteten*, bis sie genug beisammen hatten.

Viele Leute der Generation meiner Eltern und Großeltern lebten so. In Anbetracht der Tatsache, daß Schulden eine der Hauptursachen für psychische Probleme sind, würden viele von uns gut daran tun, es ihnen gleichzutun.

Wenn Sie zu den vielen Leuten gehören, für die Schulden durch Kreditkarten oder Ratenabzahlungen zu einem Problem geworden sind, dann gibt es da ein paar Dinge, die Sie dagegen unternehmen können.

1. *Sie können es selbst in die Hand nehmen, um aus den Schulden rauszukommen.*

Das bedeutet, daß Sie sich hinsetzen und genau zusammenrechnen, wieviel Sie insgesamt schulden, und dann einen Plan zur möglichst raschen und methodischen Abtragung dieser Schulden aufstellen, selbst wenn das einige Jahre dauern sollte. Das bedeutet auch, daß Sie sich das Versprechen geben, künftig keine Schulden mehr zu machen. Das ist eine machbare Lösung, aber sie erfordert Disziplin, einen festen Willen, und den unbedingten Vorsatz, den durch die Schulden verursachten Streß loszuwerden.

2. *Wenn Sie den Verdacht haben, daß Ihnen die Schulden über den Kopf gewachsen sind, und Sie da allein nicht mehr herauskommen, können Sie Hilfe bekommen*

Hier gibt es einschlägige Bücher mit sinnvollen und erprobten Vorschlägen, wie Sie Schritt für Schritt aus Ihren Schulden herauskommen, und es gibt Schuldnerberatungsstellen, an die Sie sich wenden können. Aber auch in diesem Fall ist unbedingt Disziplin, ein fester Wille und unerschütterlicher Vorsatz erforderlich.

Ich kann Ihnen nicht versprechen, daß es leicht werden wird, aber Ihr Leben wird sich bestimmt dadurch vereinfachen.

39.
Leben Sie von der Hälfte
Ihres Einkommens und legen Sie
die andere Hälfte auf die Seite

Es gibt prozentual gesehen nur einen sehr kleinen Bevölke-
rungsanteil, der sich in der beneidenswerten Situation be-
findet, sich in bezug auf seine gegenwärtige wie auch zu-
künftige finanzielle Lage keine Sorgen machen zu müssen.
Ein weitaus größerer Prozentsatz der Menschen, die im
Laufe der nächsten fünfundzwanzig Jahre in Rente gehen,
wird nur wenig mehr als die Rentenzahlungen für den Lebensunterhalt zur Verfügung haben, und nur wenige gehen
noch davon aus, daß sie von ihrer Rente künftig angemessen oder auch nur hinreichend gut leben werden können.

Wir sind zu einer Nation geworden, die Geld ausgibt
statt zu sparen. Und obwohl es stimmt, daß viele Menschen
dazu gezwungen wurden und werden, angesichts der stei-
genden Lebenshaltungskosten und der Wertminderung
des Geldes über ihre Verhältnisse zu leben, stimmt es auch,
daß wir weitaus mehr Geld als nötig für Dinge ausgeben,
die im Grunde nicht erforderlich sind.

Wenn Sie das Gefühl haben, Ihre Ausgaben nicht mehr
unter Kontrolle zu haben und nicht einen beträchtlichen
Anteil Ihres Einkommens auf die Seite legen zu können,
dann überprüfen Sie sehr genau, *auf welche Weise* Sie Ihr
Geld ausgeben. Fangen Sie, wenn Sie meinen, keine größeren Abstriche bei Ihren Ausgaben machen zu können, im
Laufe des nächsten Jahres mit Einsparungen von 10 bis 15

Prozent an. Erhöhen Sie dann im darauffolgenden Jahr Ihre Einsparungen wiederum um weitere 10 bis 15 Prozent, bis Sie allmählich bei 50 Prozent angelangt sind.

Fast die Hälfte der Vorschläge in diesem Buch werden Ihnen bei der Reduzierung Ihrer Ausgaben helfen. Ein einfaches Leben bedeutet nicht unbedingt billig oder entbehrungsreich leben. Im Gegenteil es bietet Ihnen die Gelegenheit, mit dem in Berührung zu kommen, was im Leben wirklich wichtig ist, und eine Ebene des Maßhaltens zu erreichen, die Ihnen nicht nur ein Gefühl von Zufriedenheit und Sicherheit vermittelt, sondern auch das Empfinden, die Kontrolle über die Dinge zu haben.

Wenn Sie bislang am Rande des Abgrunds gelebt haben, werden Sie, wenn Sie an den Punkt gelangen, wo Sie einen guten Teil Ihres Einkommens auf die Seite legen und so für Ihre Zukunft vorsorgen können, das Steuer wieder in die Hand nehmen und bei der Vereinfachung Ihres Lebens ein gutes Stück vorankommen.

40.
Überdenken Sie Ihr
Konsumverhalten

Vor einigen Jahren fanden Gibbs und ich, daß wir zu unserer körperlichen Ertüchtigung unbedingt ein paar kleine Hanteln brauchten. Wir begaben uns eilig ins nächste Sportgeschäft und gaben fünfzig Dollar für diese Dinger aus.

Im Laufe der nächsten beiden Wochen benutzten wir sie ein halbes dutzendmal und rührten sie dann nie wieder an.

Sechs Monate später gab ich sie einer Freundin, die mir erzählte, daß sie vorhabe, sich in einem Sportgeschäft ein paar Hanteln zu besorgen. Sie benutzte sie einmal und wird sie, wenn ich richtig vermute, nie wieder in die Hand nehmen, es sei denn, sie hört wiederum von einer anderen Person, die gedenkt, demnächst ein Paar Hanteln zu erwerben.

Dies ist nur ein Beispiel für die Dutzende von Gegenständen, die wir im Laufe der Jahre gekauft und nie wirklich gebraucht haben, die wir nur ein paarmal benutzten und dann gar nicht mehr haben wollten. Sie haben sicherlich auch eine Liste von ähnlichen, mal teureren, mal weniger teuren Einkäufen, die Sie unter dem Zwang des Syndroms: »Ich muß das *jetzt* haben« erwarben. Im Normalfall ist unser Leben – sind unser Heim, unsere Autos, unsere Arbeitsplätze – der Ausdruck unseres Konsumverhaltens.

Als Gibbs und ich dann schließlich der Tatsache ins Auge blicken konnten, daß wir wieder einmal etwas gekauft hatten, was wir gar nicht wirklich brauchten, beschlossen wir, unser Konsumverhalten zu überdenken. Wir setzten uns hin und tüftelten eine Reihe von Möglichkeiten aus, die uns erlaubten, verschiedenes in unserem Konsumverhalten anders zu sehen.

1. Wir bestimmten einen Tag in der Woche zum Einkaufstag; an diesem einen Tag werden die Lebensmittel und alles andere, was wir zu brauchen glauben, eingekauft.
2. Bevor wir nun etwas kaufen, denken wir darüber nach. Viele der Dinge, die wir erwerben, dienen nur der momentanen Befriedigung. Jetzt stellen wir uns gewohnheitsmäßig die Frage: »Brauchen wir das *wirklich*?« »Wie *lange* werden wir es brauchen oder wollen?« »Wird es schließlich doch nur wieder eines der Dinge sein, die hinten im Schrank landen?«
3. Wir zögern alle größeren – und auch viele der kleineren – Anschaffungen mindestens zwei Wochen, wenn nicht einen Monat hinaus. Wir haben gemerkt, daß wir am Ende dieses Monats häufig feststellen, daß wir das Ding, was immer es war, eigentlich gar nicht brauchen.
4. Oder aber wir sehen zu, wie lange wir ohne die Sache, ohne die wir gegenwärtig nicht existieren zu können glauben, leben können. Wir machen ein Spiel daraus, wodurch wir noch zusätzlich in unserem Entschluß bestärkt werden, uns *nicht* noch mehr Gerümpel zuzulegen.
5. Wir versuchen, kreativer zu sein, statt etwas zu kaufen. Statt der Hanteln, die wir *kauften*, hätten wir zum Beispiel auch Bücher oder ein Paar mit Sand gefüllte Socken verwenden können.

41.
Verändern Sie Ihr Kaufverhalten

Wenn Sie Mühe haben, Ihren Kaufzwang unter Kontrolle zu halten, dann machen Sie sich Ihren Einkauf schwer: Gehen Sie in die Läden, wenn Sie müssen, aber lassen Sie Ihr Bargeld, Ihr Scheckheft und Ihre Kreditkarten zu Hause.

Für viele Menschen ist das Einkaufen lediglich eine Gewohnheit. Und eine Gewohnheit kann man abschaffen, indem man die eine Gewohnheit einfach durch eine andere ersetzt. Erstellen Sie eine Liste von all den Dingen, die Sie statt dem Einkaufen unternehmen können, so daß Sie beim nächstenmal, wenn Sie der Drang erfüllt, Geld für Dinge auszugeben, die Sie nicht brauchen, ersatzweise etwas anderes tun können.

Machen Sie zum Beispiel einen Spaziergang, treffen Sie sich mit einer Freundin, gehen Sie in die Bibliothek oder stellen Sie sich unter die kalte Dusche – alles, nur verwenden Sie nicht die Zeit aufs Einkaufen. Anfangs werden Sie unter Entzugserscheinungen leiden, wenn Sie nicht mehr einkaufen können, aber letztlich wird Sie ein befreiendes Gefühl überkommen, wenn Sie es geschafft haben, Ihre Kaufsucht zu überwinden.

Machen Sie sich das »Kumpelsystem« zunutze. Nehmen Sie bei Ihren Einkäufen eine Freundin mit, die mit Ihren Kaufgewohnheiten vertraut ist und Sie in Ihrem Wunsch, sie zu verändern, unterstützt. Beauftragen Sie sie damit,

Ihre Einkäufe zu überwachen und Sie nur das kaufen zu lassen, was Sie ursprünglich erwerben wollten. Gehen Sie aber sicher, daß Sie sich die richtige Freundin dazu aussuchen. Ich pflegte mit einer Freundin einkaufen zu gehen, und dann haben wir uns, als Mittel der Rechtfertigung unseres Kaufverhaltens, gegenseitig dazu ermuntert, Dinge zu kaufen, die wir beide nicht brauchten.

Bezahlen Sie alles, was Sie kaufen, mit Scheck. Das macht die Sache ein bißchen schwieriger als das Zahlen mit Bargeld oder Kreditkarte, und so können Sie auch leichter nachverfolgen, was Sie kaufen und wie Sie Ihr Geld ausgeben.

Seien Sie der Werbung gegenüber kritisch. Werbung macht den Käufer neugierig und später süchtig, bestimmte Dinge zu erwerben. Ist der Reiz verflogen, müssen Sie wieder etwas kaufen. Und darauf bauen die Werbeleute. Wenn Sie sich erst einmal bewußt gemacht haben, welches Maß an Kontrolle diese Leute über Ihr Geld ausüben, fällt es Ihnen sehr viel leichter, es nicht auszugeben.

42.
Schränken Sie Ihre Bedürfnisse
an Gütern und Dienstleistungen ein

In den 80er Jahren hieß es, daß unser Leben um so einfacher würde, je mehr Güter wir hätten und je mehr Dienstleistungen wir in Anspruch nähmen. Im Laufe unseres Bemühens um Vereinfachung fand ich heraus, daß das Gegenteil der Fall ist.

Ein Überdenken Ihres Kaufverhaltens (Nr. 41) führt dazu, daß Sie die »Güter«, mit denen Sie Ihr Leben vollstopfen, reduzieren. Viele der anderen in diesem Buch skizzierten Schritte zielen auf die Reduzierung Ihres Bedarfs an »Dienstleistungen«.

Wenn Sie mit diesem Prozeß anfangen, wird Ihr Haus zum Beispiel so leicht in Ordnung zu halten sein, daß Sie die Putzfrau nicht brauchen; Ihre Mahlzeiten werden so einfach sein, daß Sie den Koch nicht brauchen; Ihre Erledigungen werden im voraus so gut geplant sein, daß Sie den Chauffeur nicht brauchen; Ihre Garderobe wird so bescheiden sein, daß Sie keine Modeberaterin brauchen; Ihre Investitionen werden so konsolidiert sein, daß Sie keinen Buchhalter brauchen; Ihre Einkäufe werden so wenige sein, daß Sie keinen Einkaufsdienst brauchen; Sie werden so wenig ausgehen, daß Sie keinen Babysitter brauchen; Ihr Telephoniersystem wird so direkt sein, daß Sie keinen Anrufbeantworter brauchen; Ihr gepflegter Rasen wird abgeschafft, so daß Sie keinen Gärtner mehr brauchen; Ihr Heim wird so entrümpelt sein, daß Sie keinen Entrümpelungsdienst mehr brauchen; Ihre Beziehungen werden wieder so gut sein, daß Sie keinen Psychotherapeuten mehr brauchen; und Ihr Gesundheits- und Fitneßprogramm wird so einfach sein, daß Sie keinen Privattrainer mehr brauchen.

Allein schon das Planen und Organisieren (vom Reorganisieren ganz zu schweigen), das Arrangieren der Transportmöglichkeiten, die Leute dazu zu bringen, die Dinge richtig zu machen, dafür zu sorgen, daß sie bezahlt werden, jemanden zu finden, der sie ersetzt, wenn sie kündigen (was sie erst dann tun, wenn Sie sie richtig angelernt haben), all das ist schon kompliziert genug, um Sie dazu zu bringen, die meisten dieser »Dienstleistungen« wie die Pest meiden zu wollen.

Wie schon gesagt, sprechen wir hier von einer persönlichen Entscheidung. Wir alle müssen für uns selbst entscheiden, an welchem Punkt unser Hab und Gut und die Dienstleistungen, die wir in Anspruch nehmen, unser Leben nicht mehr erleichtern, sondern allmählich eine Bürde werden. Wir persönlich hatten zum Ziel, unser Leben so einzurichten, daß wir uns um die meisten unserer persönlichen Bedürfnisse und Besitztümer problemlos selbst kümmern können. Wir haben uns ein ganz neues Freiheitsgefühl geschaffen, indem wir uns von den meisten Gütern und Dienstleistungen trennten, ohne die wir einst nicht leben zu können glaubten.

43.
Trennen Sie sich von allen Ihren Kreditkarten, behalten Sie höchstens eine einzige

Zu der Zeit, als mein Mann und ich den Entschluß faßten, unser Leben zu vereinfachen, verfügten wir über mindestens neun Kreditkarten. Wir *brauchten* keine neun Kreditkarten. Wir *benutzten* keine neun Kreditkarten. Wir *wollten* gar keine neun Kreditkarten. Wir hatten sie, weil sie, wie der Everest für den Bergsteiger, eben da waren. Wir hätten noch viel mehr haben können. Sie wurden uns unaufgefordert und immer häufiger einfach zugeschickt. Es war so leicht, sie mit dem Gedanken, daß man ja nie weiß, ob man noch mal eine zusätzliche Kreditkarte braucht, zu den anderen zu stecken.

Tatsächlich benutzten wir die Kreditkarten nur, wenn wir auswärts essen oder auf Reisen waren – und wir glichen unsere Konten jeden Monat aus. Nicht nur, daß es lästig war, hinsichtlich all dieser Kreditkarten ständig auf dem laufenden zu bleiben, wir mußten auch im Jahr zwischen 25 und 100 Dollar für das »Privileg«, sie zu besitzen, berappen.

Mir wurde erst klar, als ich unseren Postmüll zu reduzieren anfing, daß wir unser Leben weiterhin vereinfachen konnten, wenn wir uns aller Kreditkarten bis auf eine entledigten. Dadurch entlasteten wir unseren Briefkasten, sparten uns jedes Jahr ein paar Hundert Dollar und mußten nicht mehr alle diese Kreditkarten, die ja zudem immer mal

wieder durch neue ersetzt wurden, mit uns herumschleppen.

Wir brauchten eine Weile, stellten aber schließlich doch
fest, daß der Besitz von einer Kreditkarte bequem ist, aber
alles, was darüber hinausgeht, mehr Probleme schafft, als
daß es sich lohnt.

44.
Halten Sie die Zahl Ihrer Bankkonten möglichst klein

Im Verlauf unseres Vereinfachungsprogramms merkte ich schon sehr bald, daß ich keinen Überblick mehr über unsere Bankkonten hatte. Ich hatte vier oder fünf verschiedene Bankkonten, die ich mir im Lauf der Jahre zugelegt hatte: Eines für die Haushaltskosten, ein rein geschäftliches, eines für Notfälle, eines für Investitionen und eines für Ersparnisse. Ein befreundeter Banker erzählte mir, daß heutzutage viele Menschen eine ganze Anzahl von Bankkonten unterhalten; entweder alle bei derselben Bank oder bei den verschiedensten Banken in der Stadt. Wie viele dieser Leute hatte auch ich mich der Illusion hingegeben, daß mehrere Bankkonten einfach bequem sind.

Mehrere Bankkonten bedeuten hinsichtlich der Postlawine nicht nur Bankauszüge für jedes Konto, sondern auch ständige Zusatzinformationen, Angebote für Kreditkarten und anderes Zeug, was jedesmal aussortiert werden muß.

Was die diversen Konten selbst anging, so mußten sie nicht nur jeden Monat aufeinander abgestimmt werden, sondern ich mußte mich auch ständig mit vier oder fünf verschiedenen Scheckbüchern befassen und immer aufpassen, welches Konto nun für welche Ausgaben zuständig war. Mehr als einmal hatte ich mich in größere Unannehmlichkeiten gebracht, weil ich irgendeinen Scheck für das falsche Konto ausgestellt hatte.

Natürlich war es auch kompliziert, immer darauf zu achten, daß alle Schecks für alle Konten gedeckt waren.

Wenn Sie feststellen, daß Ihre verschiedenen Bankkonten allmählich eine Last werden, dann lösen Sie bis auf eines alle auf. Wenn Sie gerne Ihre Ersparnisse und Ihr Konto für Notfälle von Ihrem Haushaltskonto – oder was auch immer – getrennt halten möchten, beachten Sie bitte nachfolgendes Kapitel.

45.
Benutzen Sie dieses einfache
Kontrollsystem für Einzahlungen
und Scheckausstellungen

Nachdem ich, mit Ausnahme von einem, alle meine Konten aufgelöst hatte, fand ich es doch bequem, die verschiedenen Kategorien für meine Ausgaben beizubehalten und dafür mein Kontrollsystem für Einzahlungen und Ausgaben zu benutzen.

Zum Beispiel habe ich nun mein Konto in drei verschiedene Kategorien unterteilt: Haushalt, Ersparnisse und Investitionen. Ich benutze zwei der üblichen Formulare zum Vermerk von Einzahlungen und Scheckausstellungen, die ich zusammengeheftet neben die Schecks in meinem Scheckheft gesteckt habe.

Da ich mehr Schecks für die Kategorie Haushalt ausstelle, steht über dem ersten Schecknachweisformular »Haushalt«. Das zweite Formular habe ich dann in die Kategorien »Ersparnisse« und »Investitionen« unterteilt.

Um leichter den allgemeinen Überblick zu behalten, trage ich alle meine Einzahlungen in die Abteilung »Haushalt« ein und »überweise« dann für mich selbst Geldbeträge je nach Bedarf in die anderen Kategorien. So mache ich etwa bei »Haushalt« einen Vermerk: »Überweisung auf Ersparnisse« und trage den Betrag, sagen wir 1000 DM, in der Soll-Spalte ein, wobei ich diese Summe dann von meinem Haushaltsguthaben *abziehe*. Dann trage ich sofort in der Abteilung »Ersparnisse« den Vermerk »von Haushalt« und die besagte Summe in der Haben-Spalte ein, die dann dem Guthaben in dieser Kategorie hinzugefügt wird. Wenn wir beschließen, uns mit dem Geld aus der Kategorie »Ersparnisse« eine Anschaffung zu leisten, vermerke ich das dort und ziehe den Betrag von diesem Guthaben ab.

Ebenso verfahre ich bei der Abteilung »Investitionen«.

Wenn ich dann meine Kontoauszüge überprüfe, sortiere ich die Abbuchungen nach Kategorien (Haushalt, Ersparnisse, Investitionen) und checke sie anhand meines Kontrollsystems durch. Sämtliche Einzahlungen lassen sich problemlos überprüfen, da ich sie ja alle in der Kategorie »Haushalt« vermerkt habe.

Durch diese auf ein Konto bezogene Einteilung in Kategorien wurden alle meine anderen Konten, Scheckhefte, Kontoauszüge und Überweisungen überflüssig. Natürlich können Sie ganz nach Ihren persönlichen Bedürfnissen auch andere Kategorien einführen. Nur werden Sie nicht zu detailliert und denken Sie daran, daß Sie eine Vereinfachung anstreben.

46.
Verschaffen Sie sich einen Überblick über Ihre Geldanlagen

Im Lauf der letzten fünfzehn Jahre haben sich die kleineren Anleger immer mehr auf Investmentfonds verlegt. Eine Freundin von mir wachte eines Tages auf und stellte fest, daß sie ihr Geld in fast zehn der verschiedensten Investmentfonds angelegt hatte. Natürlich war ihr das im Grunde schon seit langem klar, aber sie hatte nicht gemerkt, wie kompliziert diese Anlagenvielfalt ihr Leben machte. Die Beschäftigung mit den vielen Kontoauszügen und Zusatzinformationen bereitete ihr erhebliche Kopfschmerzen, und dazu kam noch die leidige Kontrolle über die Bewegungen auf den einzelnen Konten. Der absolute Alptraum war aber die Zeit, die ihre Buchhalterin und Steuerberaterin jedes Jahr mit der Kalkulation der Dividenden und Kapitalerträge aus all ihren Anlagen zubringen mußte.

Die Sache hatte ganz einfach begonnen. Als sie mit dem Investieren anfing, stellte sie ein paar Nachforschungen an, suchte sich ein paar Investmentfonds heraus, die sie für gut befand, und legte dort ihr Geld an. Mit der Zeit entdeckte sie andere Fonds, die sich ebenfalls vielversprechend ausnahmen, und investierte auch dort, und so weitete sich die Sache immer mehr aus. Jedesmal, wenn sie von einem weiteren sagenhaft lukrativen Investmentfond hörte, stieg sie dort ein.

Die meisten Anlageberater sind sich darin einig, daß es

auf lange Sicht gesehen fast keine Rolle spielt, in welche lukrativen Investmentfonds Sie investieren. Wichtig ist, daß Sie Jahr um Jahr beständig investieren und eine grundsätzliche Entscheidung darüber treffen, ob Sie eine eher konservative oder spekulativere Anlageform wünschen.

Meine Freundin hat nun damit begonnen, sich einen Überblick über Ihre verschiedenen Investitionen zu schaffen. Ihre Steuerberatin dankte ihr. Ihr Postbote dankte ihr. Und selbst der Mann von der Müllabfuhr bemerkte die nun leichteren Tonnen.

47.
Tragen Sie Ihre Hypothek ab

Wenn Sie im Haus Ihrer Träume leben, dort zu bleiben gedenken und sich Ihre Hypothekentilgungsraten im Rahmen Ihrer Möglichkeiten bewegen, möchten Sie vielleicht darüber nachdenken, ob Sie Ihre Hypothek nicht schon früher als geplant oder ganz und gar abzahlen können.

Jahrelang wurde uns eingehämmert, daß sich hinsichtlich der Steuervorteile die Belastung eines Hauses mit einer Hypothek lohnt. Sie müssen hierbei Ihre ganz persönliche Situation überprüfen und sie vielleicht auch mit Ihrem Steuerberater durchsprechen, aber es könnte sich herausstellen, daß unterm Strich gesehen die Ersparnisse gar nicht so bedeutend sind. Abgesehen davon merken viele Leute allmählich, daß der Vorteil, der den finanziell unbelastete Besitz eines Hauses mit sich bringt, etwaige Steuerersparnisse bei weitem aufwiegt.

Es gibt mehrere Möglichkeiten, an die Abtragung einer Hypothek heranzugehen.

1. Wenn Sie ab und zu zusätzlich zu Ihrem regelmäßigen Einkommen größere Summen Geld erhalten, könnten Sie sie eventuell zur Abtragung Ihrer Schulden verwenden. Versichern Sie sich aber erst, daß Ihre Bank damit einverstanden ist und aufgrund dieser zusätzlichen Summen ihre monatliche Tilgungsrate reduziert.

2. Sondertilgungen. Wenn Sie jeden Monat abgesehen von Ihrer normalen Tilgungsrate eine Sondertilgung leisten, können Sie aufs Ganze gesehen sehr viel an Geld und Zinszahlungen einsparen. Sie brauchen aber die Kopie eines Amortisierungsplans von der Bank, bei der Sie die Hypothek aufgenommen haben. Oder bitten Sie, falls Sie ein Darlehen mit variablen Zinsen haben, Ihre Bank um die von ihr verwendete Kalkulationsgrundlage zur Bemessung Ihrer monatlichen Tilgungsraten.

3. Wenn die ständig ansteigenden Zusatztilgungen höher werden sollten, als Sie es noch verkraften können, dann zahlen Sie nur noch das, was Sie bequem abzweigen können. Sie werden dennoch eine ganze Menge an Zinszahlungen sparen und Ihre Hypothek schneller als ursprünglich geplant abbezahlen.

4. Verkaufen Sie Ihr Haus und ziehen Sie in ein kleineres um. Wenn Sie, je nach den gegebenen Umständen, Ihr bisheriges Heim gut verkaufen können, haben Sie vielleicht die Möglichkeit, Ihr neues Heim gleich voll zu bezahlen oder zumindest eine nur sehr viel kleinere Hypothek aufzunehmen. Auch hier sollten Sie eventuell Ihren Steuerberater zu Rate ziehen.

Alle diese Vorschläge setzen voraus, daß Sie alle anderen größeren Schulden abbezahlt und sich eine ausreichende Rücklage für Notfälle und Investitionen geschaffen haben. Eine vorzeitige Abbezahlung Ihrer Hypothek wird Ihr Leben nicht unbedingt *sofort* vereinfachen; aber sie wird Sie vom ewigen psychischen Druck der Zahlung der monatlichen Tilgungsraten befreien.

48.
Kaufen Sie beim nächstenmal
einen Gebrauchtwagen

Wenn Sie bedenken, daß ein neues Auto bereits im Moment, in dem Sie es nach dem Kauf aus der Autohandlung herausfahren, 30 oder mehr Prozent an Wert verliert, müssen Sie sich doch fragen, warum ein vernünftiger Mensch eigentlich ein brandneues Auto kaufen soll.

Ein hoher Prozentsatz von denjenigen, die sich stets ein neues Auto zulegen, tauscht es nach zwei oder drei Jahren wieder gegen ein neues aus. Hier bietet sich eine exzellente Quelle für Gebrauchtwagen an. Oft wurden diese Autos sehr sorgsam gefahren und gut gepflegt, und Sie können relativ problemlos einen Mechaniker dafür bezahlen, daß er einen solchen Wagen auf größere Defekte hin überprüft. Im allgemeinen zeigt es sich binnen der ersten fünfzehn- oder zwanzigtausend Kilometer, ob Sie Schwierigkeiten mit Ihrem Auto bekommen werden.

Bedenken Sie auch, daß sich nach den ersten beiden Jahren der Wert des Autos um weitere 30 Prozent mindert. Wenn Sie also das Auto direkt von seinem Besitzer kaufen – nie von einem Gebrauchtwagenhändler –, dann können Sie 60 Prozent des ursprünglichen Kaufpreises sparen.

Sie werden nicht nur Geld durch den Kauf eines Gebrauchtwagens und sich hoffentlich auch die Plage mit den monatlichen Ratenzahlungen sparen können, Sie werden zudem, wenn Sie wohlüberlegt gekauft haben, ein Auto besitzen, das seine Kinderkrankheiten schon hinter sich hat, und können so vermutlich damit rechnen, ohne Probleme viele Tausende von Kilometern damit fahren zu können.

49.
Lehren Sie Ihre Kinder,
wie man mit Geld richtig umgeht

Ich habe eine Freundin, die sich kürzlich aufgrund einer Scheidung in einer etwas prekären finanziellen Lage befand. Zu den Scheidungsmodalitäten gehörte auch ihre Einwilligung, ihren PS-starken ausländischen Wagen zu verkaufen und sich ein bescheideneres Modell zuzulegen. Bei der Suche nach einem neuen Auto nahm sie ihren zehnjährigen Sohn mit, der sie heftig dazu drängte, das teuerste Modell mit einer Menge Extravaganzen, die sie noch einmal 1500 Dollar mehr kosteten, zu nehmen. Dann jammerte sie darüber, daß sie all das zusätzliche Geld ausgegeben hatte, weil sie es nicht über sich brachte, ihrem Sohn zu sagen, daß sie sich das alles gar nicht leisten konnte.

Wir alle wollen das Beste für unsere Kinder, und ab und zu fällt es uns sicher schwer, »nein« zu sagen. Aber oft frage ich mich doch, was wir unseren Kindern beibringen sollen, wenn wir Geld für »imagebildenden« Glitter ausgeben, vor allem, wenn wir es uns gar nicht leisten können.

Wenn wir uns aus eigenem Wunsch oder aus der Notwendigkeit oder aus beidem heraus ein neues Kaufverhalten aneignen, sollten wir auch unseren Kindern in diesem Punkt einen vernünftigen Umgang beibringen. Kinder sind anpassungsfähig und können sehr gut lernen, sich an vernünftige Grenzen zu halten. Wir müssen nur sichergehen, daß sie diese Grenzen auch kennen.

Lehren Sie Ihre Kinder, die Hälfte dessen, was sie an Taschengeld oder durch ihre zeitweiligen Jobs bekommen, zu sparen. So wie wir können auch sie lernen, daß sie nicht alles haben müssen, was sie sehen oder die Nachbarkinder haben. Wie wir können auch sie lernen, daß sie die Wahl haben. Wenn der Wagen mit all den Extravaganzen gekauft wird, können sie eben kein neues Fahrrad bekommen. Kinder können lernen, so mit ihrem Geld umzugehen, daß ihre Ausgaben nicht ihr Einkommen übersteigen. Und wie wir können auch sie lernen, daß die Werbung unsere Emotionen und nicht unsere wirklichen Bedürfnisse anspricht. Kinder können lernen, daß sie sich etwas nicht leisten können, wenn sie nicht das Geld dazu haben, und daß das Kaufen auf Kredit zu ernsthaften finanziellen Schwierigkeiten führen kann.

Wenn wir unsere Kinder den richtigen Umgang mit Geld lehren, ist das eines der größten Geschenke, das wir ihnen machen können. Und das wird letztlich nicht nur ihr, sondern auch unser Leben einfacher machen.

VIER

Ihre Arbeit

50.
Hören Sie auf,
Sklave Ihres Terminkalenders zu sein

Ich fing schon in der dritten Klasse an, Listen von dem, was ich zu tun hatte, anzufertigen. Mit den Jahren wurde dann aus den einfachen Spiralheften, die ich anfänglich dazu benutzte, ein in schwarzes Leder eingebundener »Organizer« im Aktentaschenformat, ein Zeitmanagementsystem mit jeweils zwei Seiten pro Tag für meinen Tagesplan und bis zu einem Dutzend anderer Sparten für Projekte, Ziele, Prioritäten, Strategien, Entscheidungen, Verabredungen, Adressen und Telefonnummern, Planungen, Ausgaben, privaten Informationen, Wochen-, Monats- und Jahreskalendern und einer Prioritätsmanagementüberhangstabelle (was zum Teufel das auch immer sein mochte). Jeder richtige Yuppie ist mit diesem oder einem ähnlichen persönlichen Organisationssystem vertraut.

Ich verbrachte eineinhalb Tage damit zu lernen, wie man dieses Ding benutzt, und gab dafür mehr Dollar aus, als mir lieb war. Ich mußte mindestens dreißig Minuten pro Tag darauf verwenden, die jeweiligen Fortschritte zu analysieren, die erledigten Dinge abzuhaken und die unerledigten Dinge auf die zwei Seiten des nächsten Tages zu übertragen. Zu seinen besten Zeiten wog dieser Organizer fünf Pfund, nahm einigen Platz auf meinem Schreibtisch ein, und ich mußte ihn ständig mit mir herumschleppen für den Fall, daß ich plötzlich eine brillante Idee hatte oder mir etwas einfiel, das ich unbedingt in irgendeine der Sparten eintragen mußte.

Diese Organizer erfüllen bei manchen Leuten wahrscheinlich eine nützliche Funktion (abgesehen davon, daß sie den Herstellern gutes Geld einbringen). Ich hatte täglich Milliarden von Telefonaten zu erledigen, hatte rund um die Uhr Termine, stets eine Handvoll Projekte gleichzeitig laufen und brauchte definitiv irgendein System, um den Überblick zu behalten. Ich übertrieb es wie viele andere Parade-Yuppies.

Glücklicherweise merkte ich eines Tages doch, daß ich ein so kompliziertes Leben nicht mehr wollte. Das war der Anfang meines Vereinfachungsprogramms.

Mit der Zeit vereinfachte ich nicht nur meinen Haushalt und mein privates und berufliches Leben, sondern auch mein Planungssystem. Ich legte mir einen Terminkalender zu, der – falls nötig – in eine Handtasche paßt, aber meist auf meinem Schreibtisch liegenbleibt. Und nach einigen Mühen entwickelte ich ein Organisationssystem, das meinem einfachen Leben entspricht.

Wenn Sie sich von Ihrem Zeitmanagementsystem beherrscht fühlen, sollten Sie vielleicht mal darüber nachdenken, wie Sie es so verändern können, daß Sie es beherrschen und nicht umgekehrt.

51.
Arbeiten Sie da, wo Sie wohnen,
oder wohnen Sie da, wo Sie arbeiten

Vor ein paar Jahren noch arbeitete mein Mann in einer Großstadt, und wir wohnten in der Vorstadt, etwa zwei Zugstunden von der City entfernt. Das bedeutete, daß er wie Millionen andere Pendler oft über vier Stunden pro Tag brauchte, um zu seinem Büro und wieder nach Hause zu kommen. Normalerweise verließ er jeden Morgen um halb sieben das Haus und kam abends gegen sieben wieder heim. Ist das Wahnsinn? Ja. Warum tun wir uns das an? Die Antwort vieler Leute fällt dabei unter die Rubrik »Karriere«. Wir sahen schließlich der Tatsache ins Auge, daß wir unsere Gegenwart für eine fragliche Zukunft eintauschten. Und deshalb nahmen wir einige größere Veränderungen in unserem Leben vor.

Wir zogen in einen Teil des Landes um, wo wir in der Stadt, in der wir wohnen, auch arbeiten können. Was für ein Unterschied. Nun können wir, nachdem wir unser morgendliches Fitneßprogramm – vier Kilometer rasches Gehen am Strand – absolviert haben, gemütlich zusammen frühstücken. Gibbs geht gegen Viertel nach acht aus dem Haus und kommt noch vor halb neun in seinem Büro an. Wenigstens einmal in der Woche nimmt er sich einen Nachmittag frei und klettert auf den Gipfel unseres Hausbergs, um den Kopf frei zu kriegen. Abends ist er jetzt immer schon um halb sechs zu Hause, und wenn die Tage lang sind, gehen wir häufig noch Paddeln oder machen vor dem Abendessen noch einen Spaziergang. Vielleicht lesen wir auch ein bißchen oder sehen dem wunderschönen Sonnenuntergang zu; alles Dinge, die uns wichtig sind und die wir nie tun konnten, als er noch in einem stickigen, übelriechenden, überfüllten, häufig verspäteten und durchweg ungemütlichen Pendlerzug saß. Und auch dann, wenn man zur Stoßzeit auf der Autobahn im Stau steckt, kommt man kaum zu diesen Dingen.

Durch diesen Umzug haben wir zweifellos ein paar Abstriche an unserer Karriere gemacht, aber die ungeheure Verbesserung unserer Lebensqualität wiegt das bei weitem wieder auf. Wir fragen uns nur, warum wir diesen Schritt nicht schon früher unternommen haben.

52.
Tun Sie das,
was Sie wirklich tun wollen

Nur wenige Dinge machen Ihr Leben komplizierter als ein Acht- bis Zehnstundentag an den fünf oder sechs Tagen in der Woche, die Sie mit einem Job verbringen, den Sie nicht mögen, und mit einer Arbeit, die Sie gar nicht machen wollen.

Leider ist der *Prozeß* der Selbstfindung nicht unbedingt ein einfacher. Im Gegensatz zur Abbestellung Ihres Zeitungsabonnements (Nr. 28), eine Sache, die sich mit einem Anruf erledigen läßt, kann die Umgestaltung Ihres Lebens, so daß Sie das tun können, was Sie wirklich machen wollen, Monate in Anspruch nehmen.

Die Angelegenheit wird leichter, wenn Sie wissen, was Sie tun wollen. Dann brauchen Sie nur den Entschluß zu fassen, die Veränderung vorzunehmen, und dann ziehen Sie sie durch. Der ganze Prozeß bringt zweifellos einiges mit sich. Sie müssen Nachforschungen anstellen, neue Kontakte knüpfen, Ihre Informationen immer wieder auf den neuesten Stand bringen, müssen vielleicht auch nochmal die Schulbank drücken, vielleicht auch innerhalb der Stadt oder des Landes umziehen und in manchen Fällen wieder ganz von vorne anfangen.

Wenn Sie noch nicht wissen, was Sie wirklich tun wollen, dann haben Sie die zusätzliche Belastung, dies herauszufinden. Das kann bedeuten, daß Sie Nachforschungen anstellen, daß Sie testen, sich beraten lassen und experimentieren und dann wie im obigen Fall herausbekommen müssen, *wie* Sie es anstellen und mit der wahrscheinlichen Tatsache zurechtkommen können, daß Sie wieder ganz von vorne anfangen. Aber nachdem ich selbst zwei Jahre damit verbrachte, herauszufinden, was ich gerne tun würde, und dann mein Leben so umstellte, daß ich es auch tun konnte, kann ich Ihnen versprechen, daß sich alle daraus ergebenden Komplikationen letztlich lohnen und Sie Ihr Leben auf lange Sicht vereinfachen werden.

53.
Machen Sie Ihr Hobby
zu Ihrem Beruf

Zu den wunderbaren Vorzügen meines vereinfachten Lebens gehört die Tatsache, daß ich nun mehr Zeit für mein Hobby habe – das Lesen. Aber es kann auch andersherum funktionieren: Ihr Leben kann sich dadurch vereinfachen, daß Sie sich Zeit nehmen, um sich Ihrer Lieblingsbeschäftigung zu widmen.

Vor einigen Jahren nahm sich meine Freundin Sandra, eine Rechtsanwältin, einen ganzen Sommer Urlaub, um ihre in Italien lebende Schwester zu besuchen. Diese wohnte in einem Dorf in den Bergen, wo nicht besonders viel los war. Ihre Schwester schlug einen Besuch im Bildhaueratelier eines Nachbarn vor. Sandra wußte überhaupt nichts über die Bildhauerei und war auch nicht sonderlich interessiert, willigte aber ein, weil es nichts anderes zu tun gab. Zu diesem Zeitpunkt wußte sie nicht, daß sie dadurch ein Hobby finden würde, das schließlich ihr Leben verändern sollte.

Sie verbrachte jeden Tag ihres restlichen Urlaubs in diesem Atelier und lernte alles, was sie konnte, über die Bildhauerei. Nach ihrer Rückkehr schrieb sie sich für einen Lehrgang in Bildhauerei ein. Untertags arbeitete sie weiterhin als Rechtsanwältin, aber die Abende und Wochenenden widmete sie nun ihrem Stein. Nach und nach legte sie sich all die nötigen Werkzeuge zu, und schließlich richtete sie sich zu Hause ein Atelier ein. Und es dauerte nicht lange, bis sie ihre Arbeiten bei örtlichen Kunstausstellungen verkaufte. Vor kurzem gab sie ihre Anwaltspraxis auf, arbeitet nun nur noch als Bildhauerin und stellt ihre Arbeiten regelmäßig in Galerien überall im Land aus.

Sandra sagt, daß sie noch nie ein besseres oder einfacheres Leben geführt hat. Vor ihrer Beschäftigung mit der Bildhauerei war ihr Leben ausgefüllt mit Telefonaten, Terminen, Zeugenaussagen, Schriftsätzen, Gerichtsverhandlungen und all dem üblichen Kram, den der Beruf des Juristen mit sich bringt. Jetzt besteht ihr Leben daraus, daß sie morgens aufsteht, sich ihre Jeans anzieht und sich in ihr Atelier begibt, um sich ihrer Bildhauerei zu widmen. Ihr Galeriemanager kümmert sich um all die profanen Einzelheiten ihres Geschäfts. Natürlich trägt die Tatsache, daß sie etwas tut, was sie wirklich liebt, zur Einfachheit ihres Lebens bei.

Ein anderer Freund von mir verband sein Hobby, das Hubschrauberfliegen, mit seinem Beruf, der Physiotherapie. Er machte sein eigenes Unternehmen in einem fern abgelegenen Erholungsgebiet auf, das von Leuten aufgesucht wird, die dort wandern und anderen körperlichen Aktivitäten nachgehen wollen. Folglich müssen auch immer wieder Urlauber, die sich verletzt haben, in die Kliniken geflogen werden. Er hat seine Lebensumstände so vereinfacht, daß er jetzt all das tun kann, was er gerne tut, und führt inzwischen ein so ausgefülltes und kompliziertes Leben wie nie zuvor. Aber bei *dieser* Art von Komplikationen fühlt er sich wohl, und das macht den Unterschied aus.

Wie auch immer, falls Sie noch nicht das tun, was sie gerne möchten, dann bietet Ihnen ein neues Hobby eventuell die Möglichkeit, dies zu erreichen.

54.
Arbeiten Sie weniger und genießen Sie Ihre Arbeit mehr

Nachdem ich mich zu einer Vereinfachung meines Lebens entschlossen hatte, verkürzte ich meine Tagesarbeitszeit um zehn Prozent. Ich richtete es so ein, daß ich eine Stunde früher aufhören konnte. Ich war überrascht, wie einfach das war, und wie gering sich diese eine Stunde weniger in bezug auf meine Produktivität auswirkte. Wenn überhaupt, so steigerte sich meine Produktivität sogar. Nach und nach verkürzte ich meinen Arbeitstag um eine weitere Stunde, was die Produktion nur geringfügig minderte, mich aber zufriedener werden ließ. Als ich den Gründen dafür nachging, fand ich heraus, daß ich in die Falle geraten war zu glauben, ich müßte alles heute oder spätestens morgen erledigen. Somit arbeitete ich ständig unter unnötigem Druck, was keinen Spaß macht.

Mit der Zeit lernte ich auch, meine Telefonate entsprechend der Priorität zu führen. Nicht *jeder* Bitte um Rückruf mußte sofort entsprochen werden. Manche Anrufe konnten auch ein oder zwei Tage oder sogar eine Woche warten. Und manche Anrufe brauchten überhaupt nicht beantwortet zu werden, wie ich herausfand.

Was die Projekte anging, so lernte ich, realistischere Zeitpläne aufzustellen, und merkte auch, wie bei den Telefonanrufen, daß nicht alles unbedingt heute erledigt zu werden brauchte. Ich fing an, den Zeitaufwand, den ein Projekt meiner Schätzung nach bis zu seiner Vollendung benötigte, doppelt so hoch wie vorher anzusetzen. Danach wurde es nicht nur leichter, die Dinge pünktlich zum Abschluß zu bringen, sondern ich stand auch unter weniger Streß, weil ich nicht mehr mit völlig unrealistischen Terminen kämpfen mußte.

Ich beschloß, in meinen Zeitplan mindestens täglich eine Stunde Zeit für Störungen im Arbeitsablauf einzukalkulieren, für unvorhergesehene Telefonate, ungeplante Besprechungen, die Suche nach verlegten Papieren und andere zeitraubende Dinge, die in der heutigen Geschäftswelt unvermeidlich sind, die wir aber selten mit einplanen. Das bedeutete noch eine weitere »unproduktive« Stunde, aber diese Störungen im Arbeitsablauf hatte es ja schließlich schon immer gegeben. Sie werden immer in Ihrem Arbeitsablauf gestört, und das sollte Ihnen klarwerden.

Da ich als Selbständige arbeitete, hatte ich, wie ich zugeben muß, keinen Chef, der mir im Nacken saß. Aber jeder Mensch, der auf diese Weise gearbeitet hat, weiß auch, daß wir uns oft selbst weitaus unrealistischere Zeitpläne setzen, als jeder Chef es tun würde.

Wenn Sie zehn oder zwölf Stunden entweder für Ihr eigenes Unternehmen oder für jemand anders arbeiten, werden Sie realistisch gesehen effektiver arbeiten, wenn Sie anfangen, auch nur an ein oder zwei Tagen in der Woche ein oder zwei Stunden weniger zu arbeiten.

55.
Hören Sie mit der
»Geschäftigkeit« auf

Mit »Geschäftigkeit« meine ich hier die unproduktive Zeit, die wir damit verbringen, Bleistifte zu spitzen, den Schreibtisch auszumisten, unnötige Telefonate zu führen, uns noch eine Tasse Kaffee zu holen, unseren Zeitplan neu auszutüfteln, Berichte zu schreiben, Nachforschungen anzustellen, weitere unnötige Telefonate zu führen – Dinge, die wir uns einreden, tun zu müssen, bevor wir mit der tatsächlichen Arbeit anfangen können. Manche dieser Dinge sind unvermeidlich und notwendig. Ich spreche hier jedoch von den Dingen, die durchaus vermeidbar sind.

Diese Geschäftigkeit kann zwei Gründe haben. Zum ersten, wir wollen das, was wir eigentlich tun sollten, nicht tun. Zum zweiten, wir haben eigentlich nichts zu tun, wollen aber beschäftigt wirken. In unserem Zeitalter der Arbeitssucht wurde die Geschäftigkeit zur Kunstform erhoben. Es ist ein Phänomen, das es in vielen Fällen anscheinend unerläßlich macht, daß wir täglich zehn bis zwölf Stunden im Büro verbringen.

Als ich anfing, weniger, aber dafür mit mehr Spaß zu arbeiten (Nr. 54), gab ich als erstes diese Geschäftigkeit auf. Was das im Einzelfall für Sie beinhaltet, läßt sich schwer definieren, da diese Tätigkeiten je nach Person und Arbeitsplatz variieren. Sie wissen ja selbst genau, ob Sie zu diesem Personenkreis gehören, wenngleich Sie das wahrscheinlich nicht gerne öffentlich zugeben würden. Ich kann Ihnen nur sagen, daß sich Ihr Leben vereinfacht, wenn Sie mit dieser Geschäftigkeit aufhören, nicht weil sie weniger tun, sondern weil Sie dann, wie ich hoffe, einen größeren Teil Ihrer Arbeitszeit mit Tätigkeiten verbringen, die befriedigender sind. Wenn Sie, bevor Sie mit der Arbeit beginnen, Prioritäten setzen, und dann *nichts* tun, was nicht auf Ihrer Liste steht, wird sich viel von Ihrer Geschäftigkeit in Luft auflösen.

56.
Beziehen Sie Ihre Familie
in Ihr Arbeitsleben ein

Ich habe eine Freundin, die eine erfolgreiche Fernsehpro-
duzentin ist. Sie hat einen langen Arbeitstag im Büro und
Studio und macht ihre Arbeit ausgezeichnet. Ihr Mann, ein
Kunstmaler, arbeitet zu Hause und kümmert sich um ihre
beiden kleinen Kinder.

Als Catherine und Jack daran gingen, ihr Leben einfacher zu gestalten, beschlossen sie unter anderem, ihre Kinder in ihr Arbeitsleben einzubeziehen. Die Kinder sind mit
der Arbeit des Vaters vertraut, da sie ihn jederzeit in seinem
Atelier zu Hause aufsuchen können, und sie besuchen auch
Galerien, in denen seine Arbeiten verkauft werden. Mindestens zweimal in der Woche nimmt Jack die Kinder zum
gemeinsamen Lunch in Catherines Büro mit, wobei sie
dann anschließend etwa eine Stunde am Arbeitsplatz verbringen und ihrer Mutter bei der Arbeit zusehen. Sie haben
alle Mitarbeiter Catherines kennengelernt und auch den
Großteil deren Familienangehöriger, da Catherine ihre Leute dazu ermuntert, ebenfalls ihre Kinder an den Arbeitsplatz mitzubringen.

Es ist zwar für Catherine wie auch für Jack zeitaufwendig, wenn sich die beiden kleinen Kinder während der Arbeitszeit in Catherines Büro aufhalten, aber beide haben
das Gefühl, daß es die Mühe wert ist. Die Kinder haben eine
gute Vorstellung davon, was ihre Eltern tun, wenn sie nicht

bei ihnen sind, und fühlen sich nicht ausgeschlossen, wenn die beiden über ihre Arbeit reden. Als diese Regelung noch nicht eingeführt war, weinten die Kinder immer schrecklich, wenn sich Catherine ins Büro aufmachte, und wollten sie nicht gehen lassen. Jetzt, wo sie wissen, wohin ihre Mutter geht, die Leute kennen, mit denen sie ihre Zeit verbringt, und auch in etwa wissen, womit sie beschäftigt ist, nehmen sie ihren täglichen Aufbruch ins Büro sehr viel gelassener hin.

Dazu kommt der, zumindest für Catherine, unerwartete Vorteil, daß die regelmäßige Präsenz der kleinen Kinder am Arbeitsplatz den Streß einer hektischen und anspruchsvollen Arbeitsumgebung geringer erscheinen läßt.

Viele ihrer ständig genervten Angestellten empfinden es als ein besonderes Vergnügen, wenn sie ins Büro kommen und auch nur für ein paar Augenblicke ein lachendes und strampelndes Baby in den Armen halten oder einem neugierigen Kind, das große Augen macht, irgendeinen Arbeitsvorgang erklären können. Durch die Präsenz der Kinder hat sich das Personal besser kennengelernt, da sich ihnen dadurch die Gelegenheit bot, die speziellen Talente und Bedürfnisse all der anderen Familienangehörigen kennenzulernen.

Natürlich eignet sich nicht jeder Arbeitsplatz für einen Besuch von Kindern. Aber es wäre vielleicht doch lohnenswert, darüber nachzudenken, wie Sie Ihre Kinder in Ihr Arbeitsleben einbeziehen können.

Vielleicht können Sie sie an einem Wochenende mal ins Büro mitnehmen, wenn es weniger hektisch zugeht. Machen Sie sie auch mit Ihren Mitarbeitern und, wenn möglich, mit deren Kindern bekannt. Erklären Sie ihnen, was Sie tun, zeigen Sie ihnen Beispiele oder Ergebnisse Ihrer Ar-

beit. Ein gutes Familienleben ist sicherlich eine der Möglichkeiten, besser mit unserer komplizierten Welt umzugehen. Und wenn Sie Ihre Kinder in Ihr Arbeitsleben einbeziehen, ist das ein guter Anfang dafür.

FÜNF

Ihre Gesundheit

57.
Vereinfachen Sie Ihre
Eßgewohnheiten

Ich muß fairerweise zugeben, daß sich meine persönliche Vorstellung von Gourmetküche auf ein diagonal in zwei Hälften geschnittenes Sandwich mit Erdnußbutter und Marmelade beschränkt.

Mir ist klar, daß meine Ansichten über einfaches Essen möglicherweise nicht all den Gourmets im Lande zusagen werden. Doch nachdem wir einmal den Entschluß zu einer Vereinfachung unseres Lebens gefaßt hatten, beschloß ich, die Zeit, die ich mit dem Kochen verbrachte, mindestens um die Hälfte zu reduzieren. Nun dauert es maximal noch zehn Minuten, bis eine Mahlzeit vom Kühlschrank auf den Eßtisch gelangt.

Abgesehen davon, daß sich die Zeit für die Essensvorbereitungen auf die Hälfte reduzierte, hatte ich in bezug auf einfaches Essen noch zwei weitere Ziele vor Augen:

Erstens wollte ich, obwohl ich im Grunde meines Herzens süchtig nach Junkfood bin, daß wir gesunde Vollwertkost essen. Das bedeutete für uns in erster Linie frisches Obst, Gemüse und Getreide.

Zweitens sollte unsere Nahrung gering an Kalorien, Fett und Cholesterin sein. Das hieß wiederum frisches Obst und weitmöglichst in seinem natürlichen Zustand belassenes Gemüse – keine Schlagsahne oder sonstiges Zuckerhaltiges zum Obst und keine Käsesaucen oder Bratensaft zum Gemüse. Und das bedeutete auch weniger Fleisch, vor allem weniger rotes Fleisch.

Außerdem wollte ich chemisch behandelte Nahrungsmittel von unserem Speiseplan völlig streichen.

Nun sehen unsere Mahlzeiten in etwa so aus:

Frühstück: Frisch gepreßter Orangensaft oder Obst je nach Jahreszeit und selbstgemachtes Müsli oder frische, selbst gebackene Haferschrotmuffins. (Ein einfaches Rezept für köstliche frische Früchtemuffins finden Sie unter Nr. 61.)

Mittagessen: Frisches Obst und/oder ungekochtes Gemüse, Vollkornbrot mit etwas Truthahnfleisch oder Avocado, Tomate und Sojasprossen.

Abendessen: Ein großer frischer Salat oder eine kalte Suppe wie zum Beispiel Gazpacho im Sommer, eine herzhafte Gemüsesuppe und Salat im Winter oder gedämpftes Gemüse mit Reis.

Dieser Speiseplan bietet an sich keine Überraschungen. Es ist grundsätzlich das, was die Ernährungs- und Gesundheitsspezialisten schon seit Jahren empfehlen. Überraschend war nur, daß wir durch dieses einfache Essen nicht nur die Zubereitungszeit, die dafür nötig ist, sondern auch unsere monatlichen Ausgaben für Lebensmittel um mehr als die Hälfte reduzierten. Wenn ich mit meiner mit dem Computer erstellten Einkaufsliste (Nr. 4) durch die Lebensmittelabteilung des Supermarkts gehe, wundere ich mich ständig über all die Dinge, die wir *nicht* kaufen. Und da wir jetzt auch keine verpackten Nahrungsmittel mehr kaufen, haben wir auch weitaus weniger Müll zu entsorgen.

58.
Teilen Sie sich stets die Mahlzeiten im Restaurant

Als wir frisch verheiratet waren, dachten mein Mann und ich uns nichts dabei, ein- oder zweimal die Woche ins Restaurant zu gehen. Wir bestellten erst eine kleine Vorspeise zu unserem Aperitif, ließen uns dann frisches Brot (natürlich mit Butter bestrichen) schmecken, während wir auf unseren Salat und den Wein warteten. Dann kam der Hauptgang, zum Beispiel Steak, Gemüse und gebackene Kartoffel (mit Butter *und* Sauerrahm). Schließlich beendeten wir das Ganze mit einer 1000-Kalorien-Nachspeise und einem Likör. Jene Tage sind nun allerdings für immer vorbei.

Allmählich zeigte die Waage immer mehr und mehr an, und wir merkten, daß wir etwas ändern mußten. Wir experimentierten ein bißchen herum, entwickelten dann aber im Laufe der Jahre eine für uns passende Eßweise:

Wir haben beide aufgehört, Alkohol zu trinken; wir hatten den benebelten Kopf am nächsten Morgen satt und sparen uns die Kalorien nun lieber für die Nachspeise auf. Wir lernten (widerstrebend) den Kellner zu bitten, den Korb mit dem frischen Brot und der Butter zu entfernen. Wir teilen uns nun die Vorspeise oder bestellen jeder unsere eigene, wenn wir uns nicht auf eine gemeinsame einigen können. Das und ein Salat ist meist mehr als genug für eine Person, vor allem wenn wir noch eine Nachspeise zu uns nehmen, die wir uns natürlich auch teilen.

Die Restaurants, in denen man gelernt hat, vernünftige Portionen für Menschen zu servieren, die sich Gedanken um ihre Gesundheit und ihr Gewicht machen, sind selten. Noch seltener sind Restaurants, in denen man der Tatsache Rechnung trägt, daß Frauen im allgemeinen geringere Portionen essen als Männer. Ich kenne nur wenige Menschen, die, wenn sie vor einem randvollen Teller ihrer Lieblingsspeise sitzen, es tatsächlich fertigbringen, nicht alles bis zum letzten Krümel aufzuessen.

Heutzutage ist es in den meisten Restaurants gestattet, sich eine Vorspeise zu teilen. Auch wenn manchmal dafür ein Aufschlag berechnet wird, ist das immer noch besser, als wenn der Teil der Mahlzeit, den Sie nicht schaffen, einfach weggeworfen wird. Dabei sollten Sie auch an die vielen hungernden Kinder auf der Welt denken. Wenn Sie aber alles aufessen, macht sich das an Ihrem Hüftumfang bemerkbar. Sollten Sie in ein Restaurant geraten, das weder angemessene Portionen serviert noch zuläßt, daß Sie sich eine Mahlzeit teilen, dann gehen Sie nicht wieder hin und lassen Sie das Management wissen, warum.

Wir gehen gerne ab und zu zum Essen aus. Und da wir uns eine Mahlzeit teilen, können wir das ohne Schuldgefühle und das Ärgernis, zuviel gegessen zu haben, tun.

59.
Legen Sie einmal in der Woche
einen Obst- oder Safttag ein

Sie können Ihre Eßgewohnheiten auch dadurch vereinfachen, daß Sie an einem Tag in der Woche nur frisches Obst oder frischgepreßte Säfte zu sich nehmen.

Als ich noch allein lebte, machte ich das jahrelang. Ich wählte dafür den Samstag, weil dieser Tag die wenigsten Anforderungen an mich stellte. Gewöhnlich verbrachte ich ihn zu Hause, wo ich meinen Mixer hatte. Das vermittelte mir dann das Gefühl eines »Kurwochenendes«, an dem ich mich entspannte und die Dinge locker nahm.

Nach meiner Hochzeit verlegte ich meinen Obsttag auf den Montag. Nicht nur sahen jetzt, wo ich einen Mann und gleich auch eine Familie hatte, meine Wochenenden anders aus, ich dachte mir auch, daß ein Obsttag am Montag das Leben in Saus und Braus vom Wochenende und seine angefütterten Kilos wiedergutmachen würde. Ein Obsttag in der Woche trug sicherlich auch dazu bei, daß wir unser Gewicht halten konnten.

Jetzt, wo wir unsere Eßgewohnheiten verändert haben, haben wir den regelmäßigen Obsttag trotzdem beibehalten. Unser Lieblingsgetränk ist eine Mixtur aus Apfel, einer Banane und mehreren Orangen mit einer Handvoll frischen Erdbeeren oder Blaubeeren oder vielleicht einem frischen Pfirsich. Natürlich können Sie hier jedes frische Obst nehmen, das Ihnen zusagt. Wir werfen einfach alles in den

Mixer. Dieser Trunk sättigt und schmeckt so gut, daß es uns schon fast unheimlich vorkommt, wie einfach es ist, gesund zu leben.

60.
Trinken Sie hauptsächlich Wasser

Die Lieblingsgetränke der Amerikaner in der Reihenfolge der Beliebtheit sind Kaffee, Limonaden, Diätlimonaden, Milch, alkoholische Getränke, mit Kohlensäure versetzte Fruchtsäfte und Tees.

Es gibt viele Gründe, die dafür sprechen, daß Sie Mineralwasser trinken sollten, von denen der beste vielleicht der ist, daß nur sehr wenige der anderen Alternativgetränke gut für Sie sind.

Wir kennen inzwischen die vielen verschiedenen Nachteile der Erfrischungsgetränke, wozu vor allem die nutzlosen Kalorien oder die potentiell schädlichen Zusätze in den Limonaden und zuckerfreien Getränken zählen. Ich bin vor Jahren dazu übergegangen, fast ausschließlich Mineralwasser zu trinken, als mir klar wurde, daß all die Alternativgetränke stark kalorienhaltig sind. Das war mein ganz persönlicher Entschluß; ich wollte mir meine Kalorien lieber für so etwas wie Schokoladenmousse aufsparen.

Wenn auch Sie nur Wasser anstatt der kalorienreichen anderen Getränke trinken würden, würden Sie im Lauf des nächsten Jahres locker zehn bis fünfzehn Pfund abnehmen. Wenn Sie zu den 75 Prozent unserer Bevölkerung gehören, die mindestens 20 Prozent Übergewicht haben, dann wäre das vielleicht schon Grund genug, sich auf Mineralwasser umzustellen.

Wenn das Leitungswasser an Ihrem Ort gut und sauber ist, brauchen Sie wahrscheinlich kein Mineralwasser in Flaschen zu kaufen. Das Leitungswasser in unserer Gegend schmeckt grauenhaft, weshalb wir in Flaschen abgefülltes Mineralwasser kaufen, was im Vergleich zu all den anderen erwähnten Getränken billig und leicht erhältlich ist. Aber wenn Sie zur Abwechslung mal Mineralwasser trinken, werden Sie sich nach einer Weile fragen, wie Sie je diese gräßlich süßen Limonaden und all die anderen mit Kohlensäure oder Koffein versetzten Getränke, nach denen unsere ganze Nation süchtig ist, trinken konnten. Außerdem werden Sie überrascht sein, wie sehr sich die zu recycelnde Menge an Flaschen und Aluminiumdosen reduziert.

Wenn Sie Kinder haben, erweisen Sie ihnen einen großen Gefallen, wenn Sie sie von all den kohlensäurehaltigen Limonaden fernhalten. Eines Tages werden sie es Ihnen danken.

TIP: Denken Sie daran, daß Kaffee und koffein- und kohlensäurehaltige Getränke süchtig machen und eventuell physische und psychische Probleme nach sich ziehen können. Selbst wenn Sie kein starker Kaffeetrinker sind, kann es, wenn Sie von einem Tag auf den anderen damit aufhören, zu schweren Entzugserscheinungen wie unter anderem Migräne, Depression und Übelkeit kommen. Fangen Sie damit an, daß Sie die Kaffeemenge in der ersten Woche um die Hälfte reduzieren und in der zweiten um ein Viertel. In der dritten Woche sollten Sie dann ohne negative Auswirkungen ganz damit aufhören können.

61.
Essen Sie Muffins

Als mein Mann und ich uns vor einigen Jahren einem routinemäßigen Bluttest unterzogen, stellte sich heraus, daß wir beide einen erhöhten Cholesterinspiegel aufwiesen. Nachdem wir uns informiert hatten, beschlossen wir, unseren Verzehr von rotem Fleisch drastisch zu reduzieren. Und wir wendeten uns dem Haferschrot zu.

Wir ersetzten unsere Wochenendfrühstücke mit Speck und Eiern durch Haferschrotpfannkuchen mit Blaubeeren und Ahornsirup (und keine Butter!). Außerdem fing Gibbs an, mit Muffinrezepten zu experimentieren und kreierte schließlich seine eigene köstliche, fettarme Muffinversion, deren Rezept Sie im Anschluß finden. Wir fingen an, Haferschrotmuffins statt Brot zu essen. Innerhalb weniger Monate hatten wir unseren Cholesterinspiegel auf ein akzeptables Niveau gesenkt und als positive Nebenerscheinung auch noch abgenommen.

Ungefähr einmal in der Woche backen wir etwa zwei Dutzend Muffins. Wenn wir alle Zutaten parat haben, dauert die Teigherstellung etwa zehn Minuten und das Ausbacken vielleicht nochmal fünfzehn Minuten. (Das überschreitet zwar meine 10-Minuten-Regel [Nr. 57], aber da wir damit einen Vorrat für zwei Wochen anlegen, kann ich es rechtfertigen.)

Diese Muffins schmecken großartig mit Obst oder Kör-

nermüsli als Frühstück, mit Salat oder Suppe als Mittagessen, als kalorienarme, ballaststoffhaltige Zwischenmahlzeit
oder sogar als kleiner Snack vor dem Zubettgehen. Sie sind
so köstlich, daß sie sicher auch Ihnen schmecken werden.
Wahrscheinlich werden wir bald zu hören bekommen, daß
diese ganzen Cholesterinängste Schwachsinn waren und
daß Haferschrot bei Mäusen Ohnmachtszustände hervor-
ruft. Aber bis dahin genießen wir weiterhin unsere einfachen und gesunden Muffins.

Gibbs Haferschrotmuffins

2 $1/4$ Tassen Haferschrot
1 Teelöffel Backpulver
$1/4$ Tasse Zucker oder Ahornsirup
2 Teelöffel geriebene Mandeln
eine Handvoll Rosinen oder Blaubeeren
$1/4$ Tasse Kokosflocken (nach Wunsch)
1 $1/4$ Tassen fettarme Milch
Eiweiß von zwei Eiern
2 große überreife Bananen
(Das Rezept reicht für ein Dutzend Muffins)

Geben Sie alle trockenen Zutaten in eine Schüssel. Mixen
Sie alle anderen Zutaten in einem Mixer und vermischen
Sie das Ganze dann mit den trockenen Zutaten.

Füllen Sie den Teig in die Muffinformen, aber bitte nicht
zu voll machen, da der Teig noch aufgeht. Wenn Sie Blaubeeren nehmen, ist es einfacher, sie mit der Hand in die ge-
füllten Muffinformen zu streuen.

Backen Sie das alles bei 230 Grad, bis die Muffins oben
braun sind (dauert ca. 15 Minuten).

Wenn sie abgekühlt sind, stecken wir sie in eine Tüte und

verstauen sie in der Tiefkühltruhe. Wenn wir einen Muffin essen wollen, erwärmen wir ihn 30 Sekunden lang in der Mikrowelle.

62.
Machen Sie sich Ihr eigenes
Lunchpaket zurecht

Die Mitnahme eines Lunchpakets war eine Art Selbstvertei-
digungsmaßnahme gegen die mittäglichen Geschäftsessen
und die Ausrede »Ich eß nur eben schnell einen Happen«
und eine Lösung für das ewige Problem, was man mit der
Mittagspause anfangen soll.

Wenn Sie, wie ich, gerne essen und dazu neigen, im Re-
staurant immer zu viel zu bestellen, dann gibt es nur eine
Lösung für das Problem der mittäglichen Geschäftsessen:
Lassen Sie sie bleiben. Das mag zwar für Ihre Geschäfte
nicht gerade förderlich sein – obgleich es auch da andere
Lösungen gibt –, aber es wirkt Wunder in bezug auf Ihren
Hüftumfang und Ihr Budget.

(Die Alternativen zu mittäglichen Geschäftsessen sind
Geschäftsbesprechungen beim Frühstück – wo Sie mit der
Bestellung eines frischen Orangensafts oder eines Melo-
nenschnitzes über die Runden kommen können, oder eine
nachmittägliche Besprechung bei Erfrischungsgetränken
oder ein Treffen vor dem Abendessen. Die andere Möglichkeit ist eine gewisse Zurückhaltung bei der Menübestel-
lung, aber da ich selber, wenn es ums Essen geht, über so
wenig Selbstdisziplin verfüge, kann ich Ihnen nicht sagen,
wie Sie das bewerkstelligen sollen.)

Ein selbst zurechtgemachtes Lunchpaket bietet verschiedene Vorteile gegenüber dem Essen in Restaurants oder

dem Schnellimbiß. Erstens wissen Sie, was Sie essen. Sie können sich Ihr eigenes frisches Obst, Gemüse oder diverse belegte Brote mitnehmen und müssen sich nicht den kalorienhaltigen und stark chemisch behandelten Nahrungsmitteln der meisten Imbißstände oder Kneipen aussetzen.

Zweitens wissen Sie genau, wieviel Sie essen. Wie oft waren Sie schon in der Lage, daß Sie die Unmengen von Essen auf Ihrem Teller selber gar nicht essen konnten. Und wie oft haben Sie alles aufgegessen, weil es nicht schicklich war, sich das restliche Essen einpacken zu lassen, oder weil Sie den Gedanken, daß der Rest einfach weggeworfen wird, nicht ertragen konnten? Machen Sie sich Ihr Lunchpaket nur jedesmal *nach* dem Frühstück zurecht, wenn Sie nicht mehr hungrig sind.

Drittens ist Ihr eigenes Lunchpaket billiger als ein Essen im Restaurant oder ein Happen in der Imbißstube.

Sie werden jetzt vielleicht dagegenhalten, daß so ein eigenes Lunchpaket Ihnen nur noch zusätzlich Arbeit macht. Aber wenn Sie es auf Ihrer mit Computer verfaßten Einkaufsliste (Nr. 4) einplanen und Routine darin bekommen, brauchen Sie nur noch ganz wenig Zeit dafür. Und außerdem kostet es Sie in jedem Fall weniger Zeit, als wenn Sie ein Restaurant aufsuchen, warten, bis Sie einen Tisch bekommen, Ihre Bestellung aufgeben, darauf warten, daß das Essen kommt, essen, auf die Rechnung warten, mit Ihrem Gegenüber streiten, wer die Rechnung übernimmt, das Trinkgeld ausrechnen, die Rechnung bezahlen, auf die Quittung warten und sich dann wieder auf den Weg ins Büro machen.

Wenn Sie sich überlegen, was Sie in Ihr Lunchpaket tun sollen, dann vergessen Sie den Apfel nicht. Der Apfel ist ein fast perfektes Nahrungsmittel. Er ist reich an Vitamin C und anderen Vitaminen, Mineralien, Nährstoffen und Ballaststoffen, die Ihr Körper braucht, und er enthält kein Fett. Das Pektin in Äpfeln wirkt sich wohltuend auf einen gestreßten Magen aus und kann als passabler Ersatz für das Zähnebürsten nach dem Mittagessen durchgehen. Ein oder auch zwei Äpfel am Montagmittag sind ein exzellentes Gegengift für die Schlemmerei am Wochenende. Außerdem muß ein Apfel nicht extra verpackt werden, läßt sich gut mitnehmen und hält sich lange. Was könnte einfacher sein?

63.
Halten Sie sich von Trimmgeräten fern, entlassen Sie Ihren privaten Fitneßtrainer und machen Sie statt dessen einen Spaziergang

Es gibt eine wundervolle Szene in dem Film *Alice*, wo eine moderne Yuppielady ihren Termin mit ihrem persönlichen Fitneßtrainer verschieben muß, so daß dieser erst nach ihrer Yoga-Stunde kommen kann, die ebenfalls so verschoben werden muß, damit sie noch zu ihrem Chiropraktiker gehen kann. Anschließend wird sie ihre Massagepraxis und ihren Shiatsuunterricht aufsuchen, allerdings nach ihrer Schwimmstunde, aber noch bevor der Schwede auf ihrem Rücken herumtrapst.

Dies ist eine nur leicht übertriebene Schilderung des rigorosen Körpertrainings, dem sich viele von uns heute unterwerfen. Und tut uns das alles gut? Es könnte uns vielleicht guttun, wenn wir konsequent dabeibleiben würden, aber der Weg zur Hölle ist mit guten Vorsätzen gepflastert. Im Normalfall wird ein neues Trainingsgerät etwa 7,2 mal benutzt, bevor es in der Ecke landet, das Gerümpel in unserem Leben vermehrt und uns Schuldgefühle einjagt oder aber bei der nächsten Gelegenheit auf dem Flohmarkt verkauft wird. Und mit jedem Tag, an dem das teure Gerät – oder die Mitgliedskarte für den Fitneßclub – nicht genutzt wird, wird unser Schuldgefühl noch größer und somit auch der Streß, etwas nicht getan zu haben, was man sich fest vorgenommen hat.

Wir haben uns so sehr dieses zwanghafte Konkurrenzverhalten angewöhnt, daß wir es sogar auf die körperlichen Betätigungen ausgedehnt haben, die an sich nur der Entspannung und Verbesserung und Bewahrung unserer Gesundheit dienen sollten. Jetzt ist der richtige Zeitpunkt, sich aus dieser Tretmühle des Trainings an hochtechnisierten Sportgeräten zu verabschieden und statt dessen einen Spaziergang zu machen.

Für einen Spaziergang brauchen Sie keine besondere Ausrüstung, keine neuen Klamotten, keine Clubmitgliedschaft, und er ist das Beste, was Sie für Ihren Körper tun können. Diesbezügliche Forschungen haben zweifelsfrei ergeben, daß ein täglicher Spaziergang von dreißig Minuten oder auch nur dreimal in der Woche völlig reicht, um gesund zu leben. Ein flotter Spaziergang möbelt Ihr Herz, Ihre Lungen und Ihr Atmungssystem auf, und er macht auch den Kopf klar und beruhigt die Seele. Ein Spaziergang bietet die einmalige Gelegenheit, jeden Tag mit der Natur in Berührung zu kommen, dem Gesang der Vögel zu lauschen, sich an den verschiedenen Jahreszeiten zu erfreuen, den Nachbarn freundlich zuzunicken, den Hund auszuführen oder einfach nur ein paar kostbare stille Minuten für sich allein zu haben.

Probieren Sie es einen Monat lang aus. Stehen Sie eine halbe Stunde früher auf und machen Sie einen Spaziergang, gleich ob das Wetter gut oder schlecht ist. Wenn Sie nicht gerne allein gehen, dann nehmen Sie Ihren Lebensgefährten oder eine gute Freundin oder auch Ihre Kinder mit. Auf diese Weise können Sie Ihren Kindern beibringen, daß eine regelmäßige körperliche Betätigung wichtig ist.

Haben Sie das einen Monat lang gemacht, versuchen Sie es weitere sechs Monate. Wenn Sie dann ein halbes Jahr lang regelmäßig Ihren täglichen Spaziergang unternommen haben, werden Sie wahrscheinlich für den Rest Ihres Lebens dabei bleiben.

Es gibt nur wenige Dinge, die Ihrer Seele wohler tun, und nichts, was leichter, streßloser und besser für Ihren Körper wäre.

64.
Stehen Sie eine Stunde früher
als sonst auf

Die beste Stunde des Tages ist die Stunde vor dem Zeitpunkt, zu dem Sie gegenwärtig aufstehen. Wenn Sie es halten wie die meisten Menschen, haben Sie Ihren Wecker so gestellt, daß Sie gerade noch Zeit haben, sich anzuziehen, ein kleines Frühstück hinunterzuschlingen, einen raschen Blick auf die Schlagzeilen der Morgenzeitung zu werfen, vielleicht die Kinder auf dem Schulweg zu begleiten und sich dann auf den Weg zur Arbeit zu machen, um sich pünktlich um halb neun oder neun dort einzufinden. Da bleibt nicht viel Zeit zum Herumtrödeln.

Stellen Sie sich vor, wie schön es wäre, wenn Sie morgens noch eine ganze zusätzliche Stunde Zeit für die Dinge hätten, die Sie gern tun würden.

Zum Beispiel für einen Spaziergang (Nr. 63) oder Ihren ganz speziellen Rhythmus am Morgen (Nr. 67) oder einfach nur für ein gemütliches und ausgedehntes Frühstück mit Ihrer Familie.

Wenn Sie Ihrem Tag eine weitere Stunde hinzufügen, vor allem, wenn Sie sie für etwas anderes als Arbeit nutzen, mindert das sehr effektiv den Streß und gibt Ihnen das Gefühl, nun täglich sehr viel mehr Zeit zu haben. Untersuchungen haben ergeben, daß wir mit fortschreitendem Alter weniger Schlaf brauchen. Es könnte sein, daß diese zusätzliche und genußvolle Stunde am Morgen besser für Sie ist als der Versuch, noch eine Mütze voll Schlaf zu kriegen, die Sie eigentlich gar nicht brauchen.

Wenn Sie noch nie die Gelegenheit hatten, diese ruhige Stunde vor Anbruch der Morgendämmerung zu genießen, dann schlage ich vor, daß Sie gleich morgen damit anfangen. Sie werden überrascht sein, wieviel reicher, friedvoller und einfacher das Ihr Leben macht.

65.
Gehen Sie einmal in der Woche um neun Uhr abends ins Bett

Eine Freundin schlug mir das einmal vor Jahren vor. Der Gedanke daran faszinierte mich, und Gibbs und ich nahmen diesen Vorschlag in unser Einfachheitsprogramm auf. Wir wählten den Freitag dafür aus. Das ist für uns nicht nur ein befriedigender Ausklang einer arbeitsreichen Woche, sondern auch ein guter Start in ein entspanntes Wochenende. Wir stellten fest, daß wir uns schon die ganze Woche über auf unseren ruhigen Früh-zu-Bett-Freitagabend freuen.

Wenn Sie Ihre Freizeitaktivitäten eingeschränkt haben (Nr. 23), verbringen Sie vielleicht den Freitagabend ohnehin zu Hause und könnten es gut mit diesem Abend mal probieren. Der Sonntagabend bietet sich ebenfalls dafür an, da an diesen Abenden meist nicht viel passiert, und die Extraration an Schlaf macht Sie dann fit für die kommende Arbeitswoche.

Gleich, welchen Abend Sie sich aussuchen, diese Portion mehr an Schlaf wird sich auszahlen. Sie werden am Morgen frischer sein als nach den Abenden, die Sie lange aufbleiben, und diese zusätzliche Energie wird sich bei der Arbeit und in der Freizeit positiv bemerkbar machen.

Da ich zugegebenermaßen sehr gern schlafe, brauchte ich eine Weile, um herauszufinden, warum ich nicht selbst auf diesen Gedanken gekommen war. Schließlich begriff ich, daß meine Arbeitsmoral so stark ausgeprägt ist und ich deshalb ein frühes Zubettgehen, außer wenn ich mich unwohl fühlte, für geradezu dekadent hielt. Viele ehemalige Yuppies, mit denen ich gesprochen habe, denken genauso.

Doch wenn Sie es mit einer einfacheren Lebensweise ernst meinen, geschieht etwas ganz Erstaunliches: Eine Menge dieser dereinst so geschätzten, aber restriktiven Überzeugungen – wie etwa die besagte Arbeitsmoral mit netten Sprüchen wie: Müßiggang ist aller Laster Anfang; Was du heute kannst besorgen, das verschiebe nicht auf morgen; Morgenstund hat Gold im Mund – verlieren allmählich an Bedeutung für Sie. Sie merken nach und nach, daß es absolut in Ordnung ist, wenn Sie sich entspannen, nichts tun und sogar einfach früh ins Bett gehen.

66.
Werfen Sie mit Ausnahme einer Schmerztablette alles aus Ihrer Hausapotheke raus

Vor ein paar Jahren hielten wir uns aus geschäftlichen Gründen in New York auf. Es war mitten im Winter, und ich bekam eine heftige Erkältung. Ich hatte keine Zeit, um in eine Apotheke zu gehen, um mein übliches Medikamentensortiment gegen Erkältung aufzustocken. Ich hatte lediglich Aspirin dabei, und das nahm ich, um über die Runden zu kommen. Die Erkältung dauerte drei Tage, dann war sie vorbei.

Ich konnte es nicht fassen. Meine Erkältungen dauerten *immer* zehn Tage bis zwei Wochen. Immer. Aber ich hatte auch immer Medikamente gegen die Erkältung genommen. Ich fragte mich, ob hier ein Zusammenhang bestand. Dauerten meine Erkältungen länger, weil ich diese Medikamente einnahm?

Als ich das nächstemal eine Erkältung bekam, widerstand ich der Versuchung, zu meinen üblichen Medikamenten zu greifen und beschränkte mich allein auf eine Universalschmerztablette. Und wieder dauerte die Erkältung nur ein paar Tage.

Ich sprach mit vielen Freunden und Kollegen darüber, und viele haben angefangen, statt ihrer üblichen Medikamente nun auch nur eine Schmerztablette zu nehmen – mit den gleichen positiven Ergebnissen.

Ich räume natürlich sofort ein, daß dieses Phänomen

nicht wissenschaftlich belegt ist. Doch freute ich mich kürzlich über einen Bericht, der meine Erkenntnisse zu unterstützen scheint. Ihm zufolge haben medizinische Experten einem Unterausschuß in Washington mitgeteilt, daß die in den meisten rezeptfrei verkauften Medikamenten gegen Erkältung vorhandenen Antihistaminika wirkungslos sind und unnötige Risiken für die Gesundheit mit sich bringen. Und sie schlagen dringend vor, daß keine Antihistaminika mehr bei der Herstellung von Medikamenten gegen Erkältung verwendet werden.

In einem anderen Bericht erklärte das amerikanische Gesundheitsministerium klipp und klar, daß viele Inhaltsstoffe in den rezeptfrei verkauften Medikamenten schlichtweg wirkungslos sind.

Vielleicht ist es an der Zeit, daß Sie Ihre Hausapotheke radikal ausmisten. Überlegen Sie sich ernsthaft, ob Sie nicht alles außer dem Aspirin wegwerfen wollen. Das würde auch die Augentropfen betreffen, die Ohrensalben, die Tabletten gegen Sodbrennen und Magenschmerzen, Medikamente gegen Hämorrhoiden und vieles mehr, einschließlich der Schlaftabletten und Beruhigungspillen, für die die Amerikaner Milliarden Dollar pro Jahr ausgeben.

Wenn Sie gerötete Augen haben, dann überlegen Sie sich, statt zu Ihren üblichen Tropfen zu greifen, die ja nur die Symptome kurieren, was die Ursache dafür ist und beheben Sie diese. Wenn Sie Sodbrennen haben, verzichten Sie auf die Pizza mit Peperoni oder suchen Sie sich einen weniger streßigen Job.

Es gibt zweifellos Dutzende von Medikamenten, auf die wir verzichten könnten, wenn wir unsere Lebensweise ändern und damit die Probleme und ihre Gründe dafür aus der Welt schaffen würden.

67.
Schaffen Sie sich Ihren eigenen Lebensrhythmus

Mit eigenem Lebensrhythmus meine ich die speziellen Dinge, die Sie regelmäßig tun, auf die Sie sich freuen, an die sie mit frohem Herzen denken.

Ich habe eine Freundin, die sich einen ganz persönlichen Rhythmus für ihr morgendliches Aufstehen geschaffen hat. Sie wacht ein paar Minuten vor Tagesanbruch auf und macht sich eine Tasse Tee, so wie sie sie besonders gerne mag, mit Milch und Honig. Dann nimmt sie, Winter wie Sommer, Regen oder Sonnenschein, ihren Tee und die riesige Tagesdecke von ihrem Bett und begibt sich in den Wintergarten. Dort sitzt sie dann in ihre Decke eingewickelt, schlürft ihren Tee, beobachtet die Natur und lauscht den Lauten der Morgendämmerung. Und nichts und niemand kann sie von diesen Momenten der Stille abhalten. Sie weiß, daß, selbst wenn der Rest des Tages hektisch wird, sie diese Erinnerung an etwas behält, das sie so liebt.

Möglicherweise haben Sie so hart gearbeitet und sind so hektisch geworden, daß Sie sich nie die Zeit genommen haben für persönliche Dinge in Ihrem Tagesablauf. Wenn das der Fall sein sollte, dann nehmen Sie sich gleich jetzt die Zeit und denken Sie sich etwas Besonderes aus, was Sie entweder allein oder zusammen mit Ihrer Familie machen können und was jeden Tag lebenswert macht. Und dann fangen Sie damit an.

68.
Lernen Sie zu lachen

Die wahrscheinlich bekannteste Studie über die Auswirkungen des Lachens auf unser Leben und unsere Gesundheit ist Norman Cousins' Buch *Anatomy of an Illness*.

Norman Cousins litt an einer seltenen Bindegewebskrankheit, die zur völligen Entkräftung führte. Mit den Möglichkeiten der modernen Medizin ließ sie sich nicht heilen, deshalb beschloß er, sich selbst durch Lachen zu heilen. Ausgestattet mit jedem lustigen Film oder Buch, das er in die Hände bekommen konnte, legte er sich ins Bett. Und es funktionierte. Er erzielte bemerkenswerte Heilerfolge, die nur wenig mit traditioneller Medizin zu tun hatten oder jemals erforscht wurden.

Als Kinder lachen wir ganz natürlich und selbstverständlich; dies ist eine Gabe, die wir, wenn wir erwachsen werden, allmählich verlieren. Es scheint, daß wir uns mit der zunehmenden Hektik immer weiter von unserer natürlichen Fähigkeit, zu lachen und Spaß zu haben, entfernt haben. Lachen vor Glück kann, wie Fahrradfahren, leicht wieder erlernt werden.

Lachtherapien werden allmählich populärer, und wenn Sie in Ihrer Umgebung keinen entsprechenden Therapeuten finden, möchte ich Sie auf Dr. Annette Goodheart, eine international bekannte Lachtherapeutin hinweisen, die überall auf der Welt Kurse und Seminare sowie Tonbandkassetten und Videos anbietet. Sie unterrichtet schon seit nunmehr fünfzehn Jahren, und ihre Seminare sind stets ausgebucht. (Adresse siehe unten.)

Oder denken Sie an die Dinge, die Sie zum Lachen bringen, wie zum Beispiel bestimmte Bücher, Filme oder Cartoons. Besorgen Sie sich die entsprechenden Bücher, Tonbandkassetten oder Videos, sehen oder hören Sie sie sich regelmäßig an, vor allem in stressigen Zeiten. Vielleicht haben Sie auch Freunde, die Sie immer zum Lachen bringen. Sehen Sie zu, daß Sie mehr Zeit mit ihnen verbringen.

Lachen baut Streß ab, löst Spannungen und besänftigt. Stellen Sie sich nur einmal vor, um wieviel einfacher Ihr Leben wäre, wenn Sie lernten, auf eine stressige Situation mit Gelächter statt mit Frustration oder Wut oder Feindseligkeit zu reagieren.

Wenn Sie Informationsmaterial zu Dr. Goodhearts Tonbandkassetten, Videos oder Seminaren wollen, schreiben Sie an: Annette Goodheart, Ph.D., 635 N Alisos St., Santa Barbara, CA 93103, USA.

69.
Lernen Sie Yoga

Yoga ist eine weitere Technik, die Ihnen entweder für sich genommen oder in Kombination mit Meditation helfen wird, Ihr Leben zu vereinfachen.

Hatha-Yoga (das sich mit der Disziplin des Körpers beschäftigt) wird schon seit Jahrhunderten praktiziert, weil es die Vitalität erhöht, Müdigkeit abbaut, die Effizienz steigert, die Konzentrationsfähigkeit verstärkt und zu Gelassenheit und innerem Frieden führt. Yogaübungen können von allen Menschen in jeglichem Alter erlernt werden. Sie kräftigen Ihren Körper, bringen ihn in Form und bringen Sie zur inneren Ruhe.

Ich hatte das Glück, vor einigen Jahren Yoga bei einer Yogameisterin zu lernen. Seither praktiziere ich es ständig und mache mir seine positiven Auswirkungen auf Körper und Seele zunutze. Wenn Sie erst einmal eine ausreichende Anzahl der grundlegenden Körperhaltungen erlernt haben, können Sie sie leicht behalten und Ihr ganzes Leben lang üben. Wenn es Ihnen ab und zu nicht möglich ist, alle Übungen in Ihrem Tagesprogramm unterzubringen, erzielen schon ein paar Streck- und Dehnübungen im Verein mit dem richtigen Atmen ganz eindeutig positive Resultate.

Yoga ist leicht zu erlernen, entweder mit Hilfe von Büchern und Videos oder in Seminaren und Privatunterricht.

Die Kombination von Körperhaltung und richtigem Atmen beim Yoga hilft Ihnen auf natürliche Weise, Ihr hektisches Tempo zu verlangsamen.

70.
Lernen Sie zu meditieren

Mein ganzes Leben lang war ich vom Gedanken der Meditation angezogen, sträubte mich aber dagegen, sie auch zu praktizieren. Ich konnte nie lange genug stillsitzen. Jetzt, da ich mein Leben vereinfacht habe, ist die Meditation ein wichtiger und regelmäßiger Bestandteil meiner Alltagsroutine geworden. Viele Menschen machten genau die gegenteilige Erfahrung. Sie stellten fest, daß sie, nachdem sie zu meditieren gelernt hatten, ihr Leben allmählich einfacher gestalteten. Ob Sie nun erst mit der Vereinfachung anfangen und dann meditieren lernen oder umgekehrt, oder ob Sie mit beidem gleichzeitig beginnen, Sie werden in jedem Fall feststellen, daß Sie mit Hilfe der Meditation auf effektive und dauerhafte Weise ein einfaches Leben führen können.

Damit will ich nicht sagen, daß meditieren lernen leicht ist. Auch sind etwaige Resultate nicht sofort zu erkennen. Aber die Vorzüge eines beständig durchgeführten Meditationsprogramms für Körper und Seele sind wohlbekannt und belegt. Zu diesen Vorteilen gehört u. a. die Fähigkeit, mit den Alltagsproblemen, mit denen wir alle konfrontiert sind, besser zurechtzukommen, und der gewonnene Zustand von Ruhe und Gelassenheit, wie sie nur wenige andere Disziplinen zuwege bringen. Die meisten Menschen stellen zudem fest, daß sie durch die Meditation mehr Energie bekommen, ruhiger schlafen, sich besser konzentrieren können und sich allgemein wohler fühlen.

Es gibt viele ausgezeichnete Bücher und Kassetten, mit deren Hilfe Sie das Meditieren erlernen können.

Durch die Meditation werden Sie Ihr Leben neu begreifen, und es wird Ihnen klar, wie Sie leben wollen.

71.
Drosseln Sie Ihre Geschwindigkeit
beim Autofahren

Ich habe in meiner Jugend das Autofahren bei einem professionellen Rennfahrer gelernt. Das mag oder mag auch nicht etwas mit der Tatsache zu tun haben, daß ich immer sehr schnell fuhr. Ich betrachtete das als sehr hilfreich, als ich mich auf die Schnellspur des Lebens begab, wo jedermann, sei es zu Fuß oder auf Rädern, sich in halsbrecherischem Tempo zu bewegen schien. Ich hatte mich schon einige Jahre mit meinem Vereinfachungsprogramm befaßt, als ich merkte, daß ich zwar in fast jedem Lebensbereich mein Tempo gedrosselt hatte, aber immer noch so mit dem Auto raste, als würde ich ein Rennen fahren.

Ich beschloß meinen Fahrstil zu ändern und lernte, langsamer zu fahren. Das hat mich das Autofahren auf ganz neue Weise schätzen gelehrt, denn nun habe ich die Gelegenheit, hinter dem Steuer mehr von der Welt um mich herum mitzubekommen. Und ich bin auch geduldiger hinsichtlich der anderen Autofahrer, was wiederum den Fahrstreß mindert. Paradoxerweise habe ich, seit ich langsamer fahre, mehr Zeit; mehr Zeit nachzudenken, mehr Zeit zu überlegen und mehr Zeit, das Leben zu genießen.

Wenn Sie Ihre Geschwindigkeit drosseln, brauchen Sie sich nicht mehr zu fragen, warum der Fahrer vor Ihnen ständig langsamer zu fahren scheint als Sie.

SECHS

Ihr Privatleben

72.
Denken Sie über Ihre zwischenmenschlichen Beziehungen nach

Einfacher zu leben ist nicht immer einfach. Manche Schritte dahin fallen leicht, wie etwa die Abschaffung des Postmülls oder das Ausmisten der Hausapotheke bis auf ein paar Kleinigkeiten, und können innerhalb weniger Minuten bewerkstelligt werden. Andere Schritte, wie der Umzug in ein kleineres Zuhause oder die Überprüfung Ihrer zwischenmenschlichen Beziehungen, dauern unter Umständen sehr viel länger und können zu den schwierigsten Aufgaben gehören, denen Sie jemals gegenüberstanden.

Dabei denke ich an eine Ehe oder eine Beziehung, die auf dem Nullpunkt angelangt ist und die Ihnen Streß oder seelischen Schmerz bringt. Wenn Sie sich in einer solchen Beziehung befinden und vergeblich versucht haben, sie zu reparieren, dann müssen Sie diese Beziehung lösen. Nehmen Sie, wenn Sie allein zu keiner Entscheidung kommen können, Hilfe in Anspruch. Sprechen Sie mit einem Therapeuten oder schließen Sie sich einer Selbsthilfegruppe an, die Sie unterstützt. Falls Sie eine solche Gruppe nicht kennen, gründen Sie Ihre eigene. Das regelmäßige Treffen mit Menschen, die ähnliche Probleme durchmachen wie Sie und die sich der persönlichen Weiterentwicklung verschrieben haben, kann Ihnen sehr dabei helfen, sich aus einer kaputten Beziehung zu lösen.

Auch die Beziehungen zu Ihren Freunden sollten Sie

hierbei nicht vergessen. Vielleicht ist es an der Zeit, eine Freundschaft, die gar keine mehr ist, zu kündigen. Die Beendigung einer Freundschaft zieht in der Regel, im Gegensatz zur Beendigung einer Ehe, keine größeren Konfrontationen oder Diskussionen nach sich. Je nachdem wie stark Ihre Freundschaft war, ist es manchmal sogar einfacher, sich einfach zurückzuziehen und leise aus dem Leben der anderen Person zu verschwinden.

Wenn Sie mal darüber nachdenken, so ist es relativ leicht, sich aus einer schwierigen Beziehung zu lösen. Die *Entscheidung* dazu ist oft der schwierige Teil dabei. Nichts anderes wird Ihr Leben so rasch und radikal vereinfachen wie die Loslösung von einer Beziehung, die nicht mehr funktioniert.

73.
Seien Sie einfach
Sie selbst

Haben Sie jemals darüber nachgedacht, wieviel Kraft es Sie kostet und wie schwierig Ihr Leben ist, nur weil Sie vorgeben, etwas anderes zu sein, als Sie wirklich sind? Wir alle machen das. Dies ist eine typisch menschliche Eigenschaft, die den Lebensstil der 80er Jahre widerspiegelt.

Hier ist eine gute Übung: Setzen Sie sich hin, gehen Sie alles durch, was Ihnen im Leben wichtig ist und überlegen Sie, auf welche Weise sich dies verändern würde, wenn Sie die einzige Person wären, die Sie beeindrucken müßten. Sähe Ihre Karriere anders aus? In was für einem Heim würden Sie leben? Würden Sie einen anderen Wagen fahren? Wie würden Sie sich kleiden? Wie würden Sie Ihre Freizeit verbringen? Wären Sie mit der Person verheiratet, mit der Sie jetzt verheiratet sind? Hätten Sie dieselben Freunde?

Oft machen wir uns selbst etwas vor, nur um es anderen besonders recht zu machen. Wie oft sind wir aufgrund des Drucks unserer Familie, der Forderungen unseres Lebensgefährten, der Bitten unserer Kinder uns selbst gegenüber unaufrichtig? Wenn Ihr Lebensstil die Lebensvorstellungen einer anderen Person widerspiegelt, dann nehmen Sie sich ein paar Augenblicke Zeit und stellen Sie sich vor, um wieviel einfacher es wäre, wenn Sie sich nichts mehr vormachen würden und einfach nur Sie selbst wären.

74.
Vertrauen Sie auf
Ihre Intuition

Sind Sie je in eine Situation geraten, wo Sie einfach *wußten*, daß sie letztlich nicht gut für Sie sein würde? Wo Sie zweifellos alle möglichen stichhaltigen »Gründe« für ein Weitermachen hatten, sich in Ihnen aber dennoch ein ungutes Gefühl regte?

Wenn Sie auf Ihre Intuition gehört haben, waren Sie wahrscheinlich später froh darüber; wenn nicht, haben Sie es wahrscheinlich später bereut.

Wir alle verfügen über diese stille, leise innere Stimme. Leider ist unsere Lebensweise so hektisch geworden, daß viele von uns verlernt haben, auf sie zu hören.

Jahrelang habe ich, wenn ich eine wichtige Entscheidung zu fällen hatte, eine Liste von allen Punkten angefertigt, die dafür und dagegen sprachen, und dann entsprechend entschieden, und zwar immer logisch, wie ich dachte. Durch die Verlangsamung meines Tempos habe ich nun aber auch gelernt, daß ich gar keine Liste anzufertigen brauche, wenn ich auf meine Intuition höre, da ich einfach *weiß*, was ich tun soll.

Ein Freund von mir entscheidet sich, wenn er sich nicht schlüssig darüber ist, ob er Möglichkeit A oder B wählen soll, einfach für die eine oder andere – egal welche – und fragt dann seine innere Stimme, die ihm sagt, ob er über diese Entscheidung glücklich ist. Er bringt diese Methode auch seinen Kindern bei, damit sie früh lernen, auf ihre Intuition zu hören.

Die Entrümpelung Ihres Lebens (Nr. 1), lernen, »nein« zu sagen (Nr. 84), ein Tag im Monat, den Sie in Einsamkeit verbringen (Nr. 77), ein Aufenthalt in Klausur einmal im Jahr und noch andere Dinge, die ich in diesem Buch vorschlage, helfen Ihnen, Ihr Tempo zu verlangsamen und wieder Ihrer Intuition zu glauben. Und wenn Sie lernen, ihr zu vertrauen, werden Sie auch ein ausgeglicheneres Leben führen.

75.
Wenn sich eine Sache nicht gut anläßt, dann lassen Sie sie bleiben

Zu den positiven Veränderungen, die sich aus unserem Vereinfachungsprogramm ergeben haben, gehört auch die, daß ich endlich gelernt habe, etwas lieber nicht zu tun, wenn es sich nicht gut anläßt.

Viele von uns wuchsen mit dem Irrglauben auf, daß wir, wenn etwas nicht richtig läuft, beispielsweise eine Geschäftstransaktion, eine Partnerschaft oder irgendein Unterfangen, nur noch härter daran arbeiten müssen, um die Sache schließlich doch zu einem guten Ende führen zu können. Diese Überzeugung sorgte dafür, daß Millionen von Menschen an problematischen Lebensentscheidungen festhalten, und führte zu einer Menge Unglück, was hätte vermieden werden können. Ganz offensichtlich besteht zwischen harter Arbeit, die zu wunderbaren und befriedigenden Resultaten führt, und harter Arbeit, die, wie wir im Grunde wissen, letztlich zu nichts führt, ein Unterschied.

Ein quadratischer Pflock paßt nun mal nicht richtig in ein rundes Loch. Die Einsicht, daß etwas, an dem Sie – möglicherweise schon lange – gearbeitet haben, einfach nicht das Richtige ist, und der Entschluß, es dann schlichtweg sein zu lassen, verlangen Mut. Wenn ich auf mein Leben zurückblicke, wird mir klar, daß all die Dinge, die gut funktionierten, meist auch von Anfang an relativ einfach waren; und daß all die Dinge, die nicht gut funktionierten, meist auch nur unter Schwierigkeiten zustande gebracht wurden; es sollte einfach nicht sein. Ich habe gelernt, gar nicht erst weiterzumachen, wenn es schon schlecht begonnen hat, um meine Energien dann anderswo einzusetzen.

Stellen Sie sich vor, wie einfach Ihr Leben wäre, wenn Sie all die schwierigen Dinge – Dinge, die wahrscheinlich ohnehin nicht sein sollen – einfach ließen und sich auf das konzentrierten, was gut läuft.

76.
Hören Sie damit auf,
Leute ändern zu wollen

Ich habe eine gute Freundin, die sich vor ein paar Jahren in einen schrecklichen Schlamassel brachte, aus dem sie sich immer noch zu befreien versucht. Aber sie hat sich nicht annähernd so stark darum bemüht wie ich. Ich habe im Laufe der Jahre eine Menge Zeit und Energie auf den Versuch verwendet, ihr den Blick dafür zu öffnen, wie sie ihr Leben zum Besseren wenden könnte, was mir einigen Frust brachte. Die Lösungen für ihre Probleme lagen so offensichtlich auf der Hand – jedenfalls für mich! Im Grunde ist es so, daß sie zwar nach außen hin sagt, daß sie etwas ändern möchte, aber nicht wirklich daran interessiert ist.

So wurde mir, seit ich mein Tempo verlangsamte, unter anderem allmählich klar, daß die Menschen das tun, was sie tun wollen. Und diese Einsicht ließ mich auch erkennen, daß zwischen der Unterstützung und Behinderung einer Person nur ein schmaler Grad verläuft. Wenn wir es recht betrachten, können wir andere Menschen nicht verändern. Sie verändern sich, wenn sie dazu bereit sind. Letztlich müssen wir uns alle selber aus unseren Sümpfen ziehen. Meist wollen die Menschen nur, daß man ihnen zuhört. Das gilt auch für Kinder und Ehepartner.

Nun höre ich einfach zu. Und das hat mein Leben ungemein vereinfacht. Und es bleibt mir auch mehr Zeit für vergnüglichere und effektivere Dinge im Leben.

77.
Verbringen Sie einen Tag im Monat in Einsamkeit

Wenn Sie bereits eine ganze Menge Zeit allein verbringen, oder wenn Sie Ihr Leben schon soweit geändert haben, daß Sie nicht mehr unter einem Druck stehen, der früher alles so kompliziert machte, dann haben Sie vielleicht das Maß an Einsamkeit, das Sie brauchen.

Aber wenn Familie, Freunde, Verkehr, Lärm, Forderungen, Bitten, Zwänge, Termine, Zeitpläne und Leute, die etwas von Ihnen wollen, an Ihren Nerven zerren, dann sollten Sie darüber nachdenken, jeden Monat einen Tag oder vielleicht auch ein Wochenende ganz allein zu verbringen, weit weg von all den nervenaufreibenden Dingen des täglichen Lebens.

Ein in Abgeschiedenheit verbrachter Tag kann alles bedeuten – von einer Bergwanderung bis hin zum in sich gekehrten Dasitzen auf einer Parkbank. Oder aber auch einen Tag des Schlenderns durch Kunstmuseen oder Galerien oder des Herumstöberns in der örtlichen Leihbibliothek. Er muß nicht unbedingt bedeuten, daß Sie nicht mehr unter Menschen sind, aber er bedeutet auf jeden Fall, daß Sie von den Ihnen bekannten Personen wegkommen, die ansonsten sehr wahrscheinlich Anforderungen an Sie stellen würden.

Dadurch, daß wir uns für eine gewisse Zeit dem ständigen Druck, dem wir ausgesetzt sind, entziehen, können wir wieder mit dem, was uns wirklich etwas bedeutet, in Berührung kommen und die Spannungen des Alltagslebens abbauen. Die Befreiung vom Druck, den uns das moderne Leben auferlegt, ist schließlich ein wesentlicher Bestandteil dessen, worum es beim Vereinfachen geht.

TIP: Wenn Sie es noch nicht fertiggebracht haben, sich Zeit zu nehmen und mal allein zu sein, müssen Sie vielleicht Ihrem Lebensgefährten bzw. Ihren Familienangehörigen erklären, was Sie vorhaben, und daß Sie den Wunsch hegen, mal eine Weile allein zu sein. Es ist wichtig, daß die Ihnen nahestehenden Personen Ihr Bedürfnis nach ein bißchen Einsamkeit verstehen, damit sie sich nicht ausgeschlossen oder zurückgewiesen fühlen.

78.
Lehren Sie Ihre Kinder die Freuden
des Mit-sich-Alleinseins

Jeder Mensch, der Kinder hat, weiß, daß diese heutzutage einem enormen Druck ausgesetzt sind. Alkohol, Drogen jeglicher Art, Sex, AIDS, Jugendbanden, Waffen und Gewalttätigkeit, von der ständigen Reizüberflutung und den oft ohrenbetäubenden Aufdringlichkeiten der geistlosen Fernsehprogramme, brutalen Filme, der Rockmusik, der Kneipen, Computerspiele und Videotheken ganz zu schweigen. Wie kann ein junger Mensch heutzutage inneren Frieden finden, wie kann er lernen, sich über seine Gefühle klarzuwerden?

Eine Möglichkeit ist die, daß Kinder schon früh lernen, sich Zeit zu nehmen und diese Zeit allein zu genießen. Wenn Sie selbst lernen, sich Zeit für sich selbst in Abgeschiedenheit zu nehmen, können Sie Ihren Kindern beibringen, dasselbe zu tun. Nehmen Sie sie zu einer Wanderung in der freien Natur mit oder gehen Sie mit ihnen zelten und führen Sie sie immer mal wieder raus aus dem Dschungel des Stadtlebens. Lassen Sie es zu einer Selbstverständlichkeit werden, mit ihnen zusammen einen schönen Sonnenuntergang zu beobachten.

Oder bringen Sie ihnen bei, wie sie einen ruhigen Nachmittag allein zu Hause verbringen können. Richten Sie es so ein, daß sie sich regelmäßig im Laufe der Woche eine gewisse Zeit dem unablässigen Einfluß ihrer Kameraden und des elektronischen Zeitalters entziehen können. Kaufen Sie Ihnen Bücher (aber bitte kein Fernsehgerät) und bringen Sie ihnen meditative Übungen bei, die sie machen können, damit sie sich angewöhnen, eigenständig nachzudenken und nach Antworten in ihrem eigenen Innern zu suchen.

Wenn Ihre Kinder erst einmal die Freuden einer stillen Zeit mit sich allein kennengelernt haben, werden sie Ihnen ihr ganzes Leben lang dafür dankbar sein. Und stellen Sie sich vor, um wieviel einfacher Ihr Leben sein wird, wenn Ihre Kinder auf diese Weise auch Ihr Bedürfnis nach ein bißchen Einsamkeit verstehen lernen.

79.
Begeben Sie sich einmal im Jahr
in Klausur

Wenn Sie es schwierig finden, sich regelmäßig Zeit zu nehmen, um sie in Einsamkeit zu verbringen, könnten Sie ein
alljährliches Retreat in Betracht ziehen. Ich habe nur wenige
Dinge gefunden, die der Seele so wohltun wie die drei oder
vier Tage, die ich mich davonschleiche, um mich nicht nur
dem ganzen materiellen, sondern auch seelischen und gesellschaftlichen Wirrwarr, dem wir alle ausgesetzt sind, zu
entziehen.

Das läßt sich überraschend einfach bewerkstelligen. Die
Klausur muß nicht unbedingt mit irgendeiner Art von reli-
giöser Organisation verbunden sein. Ein Kurhotel oder ein
Hotel in einem Erholungsgebiet kann durchaus diesen
Zweck erfüllen.

Aber Sie können auch billiger ein paar Tage damit verbringen, um über Ihr Leben nachzusinnen. So zum Beispiel
beim Zelten in den Bergen.

Dabei bietet sich eine sehr willkommene Gelegenheit,
wieder mit Natur und Seele eins zu werden. Und es ist erstaunlich, was ein paar Tage in der Schönheit, im Frieden
und in der Ruhe der Natur für unsere Weltanschauung be-
wirken können.

Abgesehen davon gibt es auch viele kleine und oft ele-
gant ausgestattete Klausurhäuser mit einfachen, doch komfortablen Räumen und vernünftigen Preisen für drei oder

vier Übernachtungen. Häufig handelt es sich hier um ehemalige Klöster, die in Klausurzentren umgewandelt wurden und ein ruhiges Ambiente für die persönliche und spirituelle Weiterentwicklung anbieten möchten.

80.
Führen Sie ein Tagebuch

Das Führen eines Tagebuchs ist ebenfalls eine gute Möglichkeit, um nachzuprüfen, ob Sie auch so leben, wie Sie leben möchten.

Sie können das Tagebuch ganz nach Ihrem Geschmack gestalten. Es kann irgendwelche Reflexionen und Vorstellungen von der Welt und Ihrer Rolle dabei beinhalten oder auch ganz formal tägliche Eintragungen über Ihre Gedanken und Gefühle, die Ihre geistige Entwicklung wiedergeben. Sie können jeden Tag einen Eintrag machen oder nur sporadisch je nach Stimmung und Bedürfnis. Dieses Tagebuch kann der Spiegel Ihrer Träume, Ideen, Ernährungswünsche, aber auch Ihrer Kreativität, Ihres gesundheitlichen Zustands oder Ihrer tagtäglichen kleinen Ärgernisse sein. Es kann voller Gedanken sein, an denen Sie auch andere teilhaben lassen wollen, oder ganz intim gehalten werden.

Es gibt Kurse innerhalb der Erwachsenenbildungsprogramme, die Ihnen effektive Techniken des Tagebuchschreibens vermitteln, oder Sie greifen einfach zu Stift und Schreibheft und entwickeln Ihr eigenes System, um sich immer vor Augen zu halten, was Ihnen wichtig ist.

81.
Machen Sie immer nur eine Sache
auf einmal

Wir alle haben das Bild des modernen Yuppies vor Augen, der mit seinem BMW die Autobahn entlangbrettert, während er über sein Autotelefon mit seinem Büro telefoniert und dabei aus seinem Autofax irgendeine dringliche Nachricht zieht. Ansonsten führt er gerade Verhandlungen über ein größeres Geschäft mit seinem auf dem Beifahrersitz hockenden Verhandlungspartner, davon ausgehend, daß er den anstehenden Termin zur Präsentation der Geschäftsunterlagen im Büro seines Klienten noch rechtzeitig einhalten kann.

Oder die junge höhere Angestellte, die mit ihrer Familie ein entspanntes Wochenende zu Hause vor dem Fernseher verbringt. Sie wechselt, während sie mit ihrem im Ausland weilenden Chef ein Ferngespräch führt, die Windeln ihres Babys, derweilen ihre Schwiegermutter auf der anderen Leitung wartet. Sobald sie ihre Telefonate beendet hat, sieht sie zu, daß ihr Dreijähriger mit dem Essen fertig wird, bevor die zehn Gäste zum abendlichen Geschäftsessen eintreffen, das sie für ihren Mann vorbereitet hat.

Wir alle könnten etwas über diese »Alles auf einmal«-Verrücktheit berichten, von der unser Leben durchdrungen ist. Schaffen wir wirklich mehr bei unserem Versuch, alles auf einmal zu machen? Vielleicht. Spielt das *wirklich* eine Rolle? Wahrscheinlich nicht. Macht uns dieses wahnwitzige Tempo glücklicher? Ganz bestimmt nicht. Können wir irgend etwas dagegen unternehmen? Ja. So wie wir allmählich gelernt haben, zehn Dinge auf einmal zu machen, können wir auch allmählich lernen, nur eine Sache auf einmal zu tun.

Fangen Sie mit einer Liste an. Nicht die Liste mit HEUTE ERLEDIGEN, die Sie in Ihrem Organizer haben, sondern eine *neue* Liste, mit den Dingen, die wirklich wichtig sind. Kürzen Sie diese Liste um die Hälfte, suchen Sie sich dann die allerwichtigste Sache heraus und erledigen Sie sie. Dann und erst dann gehen Sie die Liste Punkt für Punkt durch und machen alles andere, eins nach dem anderen. Lassen Sie sich möglichst nicht ablenken oder unterbrechen. Nach ein paar Wochen können Sie es sich als reife Leistung anrechnen, wenn Sie die Anzahl der Dinge, die Sie Ihrem Gefühl nach jeden Tag erledigen *müssen*, nochmal um die Hälfte reduzieren.

Mit ein bißchen Disziplin und selbstkritischem Verhalten können Sie lernen, nur eine Sache auf einmal zu machen. Und es besser zu machen. Und dabei glücklicher zu sein.

82.
Tun Sie nichts

Nichts tun. Das hört sich so leicht an. Dann denke ich zurück an mein irrsinniges Lebenstempo noch vor ein paar Jahren. Ich hatte kilometerlange Listen von Dingen, die ich zu erledigen hatte, unentwegt Termine wahrzunehmen und Telefonate rund um die Uhr zu führen. Jeder Augenblick meines Tages war verplant, sogar meine Zeit zum Schlafen. Und ich entsinne mich, wie lange ich brauchte, um dahin zu kommen, daß ich tatsächlich mal *nichts tun* konnte. Ja, es brauchte eine ganze Weile. Es ist weitaus schwieriger, als man denkt.

Wie fangen Sie es an, wenn Sie es nicht gewöhnt sind, nichts zu tun? Nehmen Sie sich eine Stunde. Vielleicht die Mittagspause oder eine Stunde am Ende Ihres Arbeitstages oder auch die zusätzliche Stunde, die Ihnen zur Verfügung steht, wenn Sie früher aufstehen (Nr. 64).

Begeben Sie sich, wenn Sie mit Ihrer Mittagspause anfangen, an einen ruhigen Ort und setzen Sie sich dort einfach hin. Hier geht es nicht um die Art von »Nichtstun« wie etwa ein Buch lesen oder sich mit Freunden unterhalten oder stricken, und auch nicht um Meditation. Hier sollen Sie die Seele baumeln lassen, ohne daß Sie dabei irgend etwas *tun* müssen.

Nichts tun läßt sich auch gut lernen, wenn Sie sich umgeben mit all den Dingen, die Sie tun sollten, in Ihrem Büro oder bei sich zu Hause, und sie nicht tun. Wenn Sie das noch nie geschafft haben, müssen Sie möglicherweise ein paar Anläufe machen, bis Sie Ihre Schuldgefühle oder den fast unwiderstehlichen Drang, irgend etwas zu tun, überwunden haben.

Dehnen Sie dann allmählich die Zeit aus, in der Sie nichts tun, bis Sie schließlich bei einem halben oder ganzen Tag im Monat oder möglicherweise noch mehr angelangt sind. Wenn Sie erst einmal gelernt haben, nichts zu tun, werden Sie erstaunt sein, wie einfach Ihr Leben oder irgendein Projekt doch ist, an dem Sie arbeiten. Es ist unglaublich faszinierend.

Ich habe es inzwischen auf mindestens ein oder zwei Tage im Monat gebracht, an denen ich nichts tue. Nur weniges ist geeigneter, eine hektische und überzogene Lebensweise wieder in das richtige Lot zu bringen, als das Erlernen dieser Fähigkeit. Ich möchte Sie dazu bewegen, mit dem Nichtstun anzufangen.

83.
Nehmen Sie sich Zeit,
den Sonnenuntergang zu beobachten

Der Sonnenuntergang war schon immer eine meiner liebsten Tageszeiten. Bevor mein Leben einfacher wurde, war ich häufig zu beschäftigt, um ihn genießen zu können. Jetzt lasse ich dieses Schauspiel, das zu den faszinierendsten Dingen der Natur gehört, fast nie aus.

Der Sonnenuntergang hat etwas Fesselndes, vor allem, wenn die atmosphärischen Bedingungen und das Wetter die dramatischen Wolkenformationen und leuchtenden Farben hervorbringen, die die ganze Welt in einem anderen Licht erscheinen lassen. Im Licht der untergehenden Sonne gesehen, nehmen sich, wenn auch nur für ein paar Momente, unsere Probleme geringfügig aus.

Das Wunderbare am Sonnenuntergang – und auch Sonnenaufgang – ist die Tatsache, daß er jeden Tag stattfindet und auch dann, wenn er nicht so spektakulär ist, den Anfang des Endes eines weiteren Tages markiert. Es ist eine gute Zeit, innezuhalten und zu beobachten. Lehren Sie auch Ihre Kinder, sich an der Schönheit der Sonnenuntergänge und -aufgänge zu erfreuen. Dieses Schauspiel kostet nichts und ist sehr viel besser für sie als das Fernsehen.

84.
Sagen Sie einfach
»nein«

Als wir uns für eine Vereinfachung unseres Lebens entschieden, gab ich mir unter anderem auch das Versprechen,
meine gesellschaftlichen Verpflichtungen auf den Kreis
meiner unmittelbaren Familienangehörigen und Freunde
zu beschränken. Ich habe gelernt abzulehnen, wenn mich
jemand um etwas bittet, das ich nicht tun möchte, oder ich
einen Abend mit Leuten verbringen soll, an denen mir
nichts liegt. Ich sage, vielen Dank, aber nein.

Meine Wochentage sind größtenteils meiner Arbeit ge-
widmet, und natürlich habe ich hier unvermeidlicherweise
auch Termine und Verpflichtungen einzuhalten. Aber die
Abende und Wochenenden gehören mir. Sie sind mir heilig
geworden, und ich kann sie nun auch heilig halten, weil ich
gelernt habe, »nein« zu Dingen zu sagen, die ich nicht tun
möchte – und vor allem zu den Dingen, von denen ich zuvor immer das Gefühl hatte, ich *müßte* sie tun.

85.
Nehmen Sie Ausreden zu Hilfe, wenn Sie nicht »nein« sagen können

Fühlten Sie sich schon als Opfer eines geselligen Abends, zu dem Sie ohnehin nicht hatten gehen wollen, aber die Gastgeberin hatte Sie mit ihrer Einladung überrumpelt? In Wahrheit hatten Sie absolut keine Lust hinzugehen, aber Sie hatten nichts anderes vor *und* keine passende Ausrede parat. So etwas ist den meisten von uns schon passiert.

Ich habe eine Freundin, die jahrelang einfach nicht »nein« sagen konnte. Sally ist eine starke, dynamische Frau, die ein erfolgreiches Unternehmen führt und noch nie mit dem Management ihrer zwanzig Angestellten Probleme hatte, die mit ihren Zulieferfirmen energisch verhandelt oder sich mit Konzernmanagern auf gleichgestellter Ebene trifft. Aber hinsichtlich ihres gesellschaftlichen Lebens war sie stets eine leichte Beute. Sie wußte es, konnte es aber nicht ertragen, die Gefühle anderer Menschen zu verletzen.

Doch als sie kürzlich mal wieder eine dieser tödlichen Dinnerpartys durchzustehen hatte, wurde ihr klar, daß, wenn sie, als Martha ihre Einladung aussprach, eine akzeptable Ausrede parat gehabt hätte, sie nun in diesem Moment mit einem guten Buch gemütlich auf ihrem Sofa liegen könnte. Und sie beschloß auf der Stelle und inmitten von Marthas Ausführungen über ihren Ferienaufenthalt auf den Kanarischen Inseln, daß sie nie wieder »ja« sagen würde, wenn sie eigentlich »nein« meinte.

Und so hat sie gelernt, zu Ausreden zu greifen. Sie hat sich eine Liste mit Entschuldigungen für alle möglichen Zwecke und Situationen zurechtgelegt, die sie neben ihrem Telefon im Büro und zu Hause liegen hat. Wenn nun Leute anrufen, die sie zu irgendwelchen Veranstaltungen einladen, an denen sie nicht interessiert ist, ist sie vorbereitet. Sie hat sich auch angewöhnt, ganz schnell ein paar Entschuldigungen parat zu haben für den Fall, daß sie auf der Straße oder in der Warteschlange vor der Kasse im Supermarkt ein paar Bekannte abwimmeln muß. Sie hat sich schließlich an die Tatsache gewöhnt, daß sie nicht unbedingt, wenn sie nicht will, ihre Freizeit für das Beisammensein mit Leuten opfern muß, die sie an und für sich nicht mag.

Und sie hat auch gelernt, daß die einfachste Entschuldigung die beste ist. »Vielen Dank, Martha, aber ich habe für Samstag abend schon andere Pläne.« Und sie setzt nun auch nicht mehr hinzu: »Vielleicht ein andermal«, weil sie weiß, daß die Marthas dieser Welt sie beim Wort nehmen werden.

Unnötig zu sagen, daß ihr Gesellschaftsleben rapide zurückging, doch nun hat sie mehr als je zuvor freie Zeit, das zu tun, was ihr wirklich wichtig ist.

86.
Ziehen Sie sich aus allen
Organisationen zurück, deren Treffen
Sie mit Horror erfüllen

Ich war noch nie ein Vereinsmensch, aber bei Gibbs gab es eine Zeit, in der er in jedem Verein Mitglied wurde, man mußte ihn nur darum bitten. Und als wir unser Leben einfacher gestalteten, zog er sich unter anderem aus all den Vereinen zurück, denen er sich nicht wirklich verbunden fühlte.

Es ist erstaunlich, wie schnell sich Mitgliedschaften – und die damit verbundenen Verpflichtungen und Schuldgefühle – anhäufen können. Der finanzielle Aderlaß – die zahllosen Mitgliedsbeiträge und Abgaben und völlig überhöhten Eintrittspreise für die Verköstigung mit Gummiadlern im Verein mit tödlichen Wettbewerben um die schlechteste Rede aller Zeiten – ist die eine Sache. Aber die Frustration, mit oft völlig chaotischen und fanatischen Amateuren zusammenarbeiten oder verzweifelt versuchen zu müssen, mit Leuten zu parlieren, mit denen Sie nur ein einziges und äußerst beschränktes Interesse verbindet, kann Sie seelisch völlig fertigmachen.

Hier ist Gibbs' Ratschlag, wie Sie da rauskommen können. Suchen Sie alle Ihre Mitgliedskarten zusammen (Sie sind vielleicht entsetzt, wie viele es sind). Teilen Sie sie in zwei Häufchen auf. Das kleinere Häufchen, und vielleicht existiert es gar nicht, besteht aus Organisationen, die wenigstens zwei oder drei Kriterien erfüllen:

1. Die Mitgliedschaft ist aus beruflichen Gründen notwendig.
2. Sie freuen sich auf die Treffen.
3. Sie müssen sich nie dafür entschuldigen, daß Sie Mitglied sind.

Treten Sie aus allen anderen Organisationen aus, lassen Sie die Mitgliedschaft still und leise auslaufen. Sie werden feststellen, daß Sie sich damit eine ganze Menge an Freizeit wiedererobern.

87.
Lernen Sie, die Vergangenheit neu zu interpretieren

Stellen Sie fest, daß Sie immer wieder an ein unangenehmes Ereignis oder sehr problematische Umstände in Ihrem Leben erinnert werden, daß Sie einfach nicht darüber hinwegzukommen scheinen? Damit ist beispielsweise das Zerwürfnis mit einer Mitarbeiterin oder auch eine Scheidung gemeint. Es kann schon vor Jahren oder erst gestern passiert sein. Sie denken ständig daran und wünschen, es anders gemacht zu haben. Es verfolgt Sie, aber das ewige Hin- und Herüberlegen hilft Ihnen auch nicht.

Nachdem ich mein Lebenstempo verlangsamt hatte, konnte ich unter anderem auch damit aufhören, meine Vergangenheit immer wieder zu durchleben. Ich habe festgestellt, daß wir im Grunde gar keine Fehler machen können; es gibt keine falschen Entscheidungen. Ich habe mir angewöhnt, die Ereignisse meines Lebens – gleich ob sie nach außen hin »gut« oder »schlecht« zu sein scheinen – als Schicksal zu verstehen, das mich letztlich und unabhängig von ihren temporären Resultaten dahin bringt, wohin ich will.

Wenn Sie ständig vergangene Ereignisse neu durchleben, wird das Ihr Leben nur noch komplizierter machen. Wenn Sie sie als positive Schritte nach vorn sehen und dann weitergehen, wird das Ihr Leben vereinfachen.

88.
Verändern Sie Ihre Erwartungen
an das Leben

In den 80er Jahren wurden einige unrealistische Zielvor-
stellungen und Erwartungen geschaffen, die wir alle unserem Gefühl nach glaubten erfüllen zu können oder zu müssen. Man ging selbstverständlich davon aus, daß wir nur
ein einziges Streben und Trachten im Sinn hatten: Das größte Eigenheim, den schnellsten Wagen, den besten Job, das
höchste Einkommen, die vielversprechendste Zukunft, die
glücklichste Ehe, die intelligentesten Kinder in den besten
Schulen, die neueste Mode und all die mit Geld zu kaufen-
den Weltraumspielzeuge. Viele Menschen haben daher
noch härter gearbeitet, ohne je das Gefühl zu haben, alle
diese Erwartungen erfüllen zu können. Und viele Menschen haben für sich diese Erwartungen sogar noch übertroffen, und doch hat es sie nicht glücklich gemacht.

Wir haben einen Bekannten, der in seinen Erwartungen
in bezug auf das Leben festsitzt. Er hat sein großes Haus,
seinen Superwagen, seine Clubmitgliedschaften und seine
kometenhafte Karriere, aber er ist elend dran. Er mag die
Tätigkeiten nicht, mit denen er seinen Lebensunterhalt verdient, kann sich aber auch nicht vorstellen, seinen Job aufzugeben, weil dieser es ihm ermöglicht, das große Haus,
den großen Schlitten und den großartigen Lebensstil zu erhalten, den er seinem Gefühl nach »verdient« und auf den
er ein Recht hat.

Ein großer Teil unseres Vereinfachungsprogramms hatte mit dem Verändern unserer Erwartungen hinsichtlich unseres Lebens zu tun. Gibbs und ich, wie auch eine Menge anderer Leute, stellten fest, daß dieser propagierte Lebensstil nicht hielt, was die Werbung versprach. Als wir quer durchs Land umzogen, damit wir da leben konnten, wo wir auch arbeiten (Nr. 51), und nicht mehr vier Stunden zwischen Arbeitsplatz und Zuhause hin- und herpendeln mußten, haben wir unsere Erwartungshaltung bezüglich unserer Karriere verändern müssen. Wir fragten uns natürlich zum damaligen Zeitpunkt, ob wir nicht etwas aufgegeben hatten, aber die zusätzlichen vier Stunden und der große Vorteil, den wir dadurch gewonnen hatten, entschädigen uns für alle eventuellen Fortschritte auf der Karriereleiter. Und es hat sich herausgestellt, daß die sich daraus ergebenden beruflichen Veränderungen zwar völlig anders ausfallen, als wir erwartet hatten, aber bei weitem befriedigender sind, als wir ursprünglich dachten.

Wenn Sie das Gefühl haben, alle Ihre Ziele erreicht oder sogar noch übertroffen zu haben, und wenn Sie dennoch unglücklich sind, ist es vielleicht an der Zeit zu realisieren, daß ein »Überfliegerleben« möglicherweise doch nicht unbedingt das ist, was Sie eigentlich wollten. Das Festhalten an den Prinzipien der 80er Jahre ist nichts weiter als ein Strohfeuer, das Ihr Leben komplizierter macht. Lösen Sie sich von diesen Erwartungen, stellen Sie Ihre eigenen Prioritäten auf – und Ihr Leben wird sehr viel einfacher werden.

89.
Überprüfen Sie Ihr Leben regelmäßig, um es einfach zu halten

Zur Aufrechterhaltung eines einfachen Lebens bedarf es eines gewissen Maßes an Wachsamkeit. Die Vorstellung, daß Sie zur automatischen und fortwährenden Vereinfachung Ihres Lebens eben einmal bestimmte Schritte unternehmen müssen, ist unrealistisch. Zum einen haben sich viele von uns über viele Jahre hinweg angewöhnt, ständig zu konsumieren und zu expandieren, und alte Gewohnheiten gibt man nur schwer auf. Zum anderen unterstützt unsere Gesellschaft beileibe nicht die Umstellung auf ein einfaches Leben. Die Medien, unsere Familien, unsere Freunde und Nachbarn vermitteln uns ständig die Notwendigkeit, das neueste Gerät oder Spielzeug auszuprobieren oder auf die eine oder andere Weise auf die Schnellspur der Autobahn des Lebens zurückzukehren. Die meisten dieser Botschaften scheinen unwiderstehlich zu sein. Manche sind von Wert, andere nicht. Sie müssen selbst entscheiden.

Freunde von uns hatten den Entschluß gefaßt, ihre Eßgewohnheiten zu ändern. Beide waren ganz entschiedene Gourmetköche und besaßen eine Top-Küchenausrüstung. Als sie ihre Küche entrümpelten (Nr. 1), schmissen sie unter anderem irgendeine Weinherstellungsmaschine raus, des weiteren das elektrische Gerät zur Herstellung von Tortillas, die Cappuccino/Espresso/Milchmixgetränke-Maschine, das Gerät zur Herstellung von Nudeln und den Mixer mit 42 Einstellungsstufen. Und monatelang erfreuten sie sich an ihrer neugewonnenen Freiheit, nun ein Leben ohne Küchenausrüstungskataloge führen zu dürfen.

Und dann wachten sie eines Morgens auf und stellten fest, daß sie, ohne zu wissen, wie es dazu kam, die Weinherstellungsmaschine durch einen Entsafter, die Nudel- und Tortillamaschine durch eine Maschine zum Brotbacken und ihren 42-stufigen Mixer durch eine Vorrichtung zur Züchtung diverser Keimsprossen ersetzt hatten, wobei letztere Gerätschaft die Hälfte der Fläche ihrer Dachterrasse beanspruchte.

Einfach? Nicht unbedingt, aber es zeigt Ihnen, was passieren kann, wenn Sie nicht aufpassen.

SIEBEN

Vorschläge
speziell für Frauen

Im Film *Tootsie*, in dem sich Dustin Hoffman als Frau ver-
kleidet, um eine Arbeitsstelle zu ergattern, gibt es eine Szene, in der er von einer ausgedehnten Einkaufstour nach
Hause kommt, bei der er die ganze für seine Frauenrolle
nötige Ausstattung erwarb: Dazu zählen Perücken, Lok-
kenwickler, Make-up, Nagellack, Schmuck, Schuhe, Handtaschen und so weiter. Und während er seine Perücke auf-
setzt und sein Make-up auflegt, bemerkt er zu seinem Zim-
mergenossen, daß er bislang ja keine Ahnung gehabt hätte,
was Frauen an Zeit, Energie und Geld aufwenden müssen,
um sich passabel herzurichten. Wie wahr, wie wahr!

Zweifellos ist es in unserer Gesellschaft sehr kostspielig,
eine Frau zu sein. Ich beschloß, einen gnadenlosen und
nüchternen Blick auf meine eigene tägliche Routine für ein
passables Erscheinungsbild zu werfen, und fand dabei einiges, was wir tun können, um die diesbezüglichen Kosten
des Frauseins zu senken. Meine Vorschläge habe ich in diesem speziellen Abschnitt für Frauen niedergeschrieben,
denn Männer brauchen sich zumeist nicht in diese Unkosten zu stürzen.

90.
Zehn Minuten reichen,
um geradezu umwerfend auszusehen.

Ich fand es immer bewundernswert, wie mein Mann sich in der Hälfte der Zeit, die ich dazu brauchte, für ein bestimmtes Ereignis anziehen und dazu noch tipptopp aussehen konnte. Als wir mit einer Vereinfachung unseres Lebens begannen, setzte ich es mir zum Ziel, mich innerhalb von zehn Minuten oder noch weniger so zurechtmachen zu können, daß ich geradezu umwerfend aussah. (Die zehn Minuten kann ich jetzt einhalten, an dem »umwerfend« arbeite ich noch.)

Ich begann mit meiner Frisur. Wenn sie sich passabel herrichten müssen, brauchen viele Frauen für ihre Frisur die meiste Zeit. Man hat uns eingeredet, daß unser Haar nicht nur gewaschen, sondern auch mit einem zusätzlichen Haarpflegemittel versehen, dann getönt, gecremt, mit irgendeinem Mittel gegelt, gefönt, eingesprüht, ausgekämmt, toupiert, geglättet oder gelockt und schließlich noch gesprayt werden muß, bevor wir uns aus dem Haus wagen können.

Männer haben einen Haarschnitt, der meist nichts weiter verlangt, als daß sie ihr Haar waschen, dann mit dem Kamm durchfahren und sich auf den Weg machen. Das ist auch für Frauen möglich. Vor Jahren erzählte mir ein Friseur, daß es im Prinzip für jede Frau mindestens eine Frisur gibt, die ihr gut steht, nicht viel Aufwand erfordert und ihrem Haartyp und ihrer Gesichtsform entspricht. Ich mußte ein bißchen an mir herumprobieren und fand dann schließlich den für mich passenden Haarschnitt. Jetzt brauche ich für mein Haar und meine Frisur nicht mehr die zuvor üblichen zwanzig bis dreißig, sondern nur noch an die fünf bis sechs Minuten.

Dann änderte ich meine Hautreinigungs- und Hautpflegegewohnheiten. Jahrelang konnte ich an keinem Kosmetikregal vorbeigehen, ohne meinen Vorrat an unzähligen Tages- und Nachtcremes für meine sensible Haut, an Reinigungswässern, Feuchtigkeitsfluids, Aufbaucremes, Fettcremes, Gesichtsmasken, Antifaltencremes und so weiter aufzustocken. Glücklicherweise strandete ich kürzlich auf einer einsamen Insel, ohne meine übliche Batterie an Kosmetika dabeizuhaben. Ich hatte nur einen Schwamm, Wasser und eine ganz normale Hautcreme zur Verfügung. Nach drei Wochen dieser Behandlung sah meine Haut besser aus als je zuvor.

Jetzt benutze ich nur noch einen Schwamm und Wasser zum Reinigen und ein paar Tropfen von einem leichten Feuchtigkeitsfluid. Ich kann Ihnen gar nicht sagen, wie toll es ist, endlich ein unkompliziertes und gut funktionierendes System der Hautpflege gefunden zu haben und all die halbvollen schmierigen Töpfchen loszusein, die über viele Jahre hinweg in meinen Schubladen lagerten und in den Regalen herumstanden.

Des weiteren sollten Sie über Ihr Make-up nachdenken. Haben Sie je ein Gesicht gesehen, das nach dem Auftragen von Tonnen an Make-up wirklich besser aussah, so wie es uns die Kosmetikhersteller vormachen? Und all das nur zum Zweck, daß es hinterher nicht so aussieht, als hätten wir Make-up aufgelegt! Fragen Sie die Ihnen bekannten

Männer. Die meisten werden Ihnen sagen, daß sie eine Frau mit einem natürlichen Aussehen und Lächeln bevorzugen.

Und wenn Sie schon dabei sind, können Sie auch Ihre Töchter in Ihr Programm für natürliches Aussehen miteinbeziehen. Stellen Sie sich nur mal vor, welche Mühseligkeiten Sie ihnen ersparen – und welch positives Selbstwertgefühl sie entwickeln können –, wenn sie gar nicht erst auf den Barbiepuppenwahn hereinfallen.

Vielleicht müssen Sie, wenn Sie bei Ihrem Make-up natürlicher werden wollen, zunächst Ihre Erwartungshaltung ändern (Nr. 88), aber wenn Sie das erst einmal getan haben, werden Sie sich fragen, was Sie jemals an Ihrem alten Make-up gefunden haben.

91.
Entledigen Sie sich Ihrer Schuhe mit hohen Absätzen – für immer

Nur wenige Modediktate haben sich weltweit einschränkender und schädigender auf die Gesundheit der Frauen ausgewirkt als das der hochhackigen Absätze. Jeder Fußspezialist wird Ihnen sagen, daß Frauen, die regelmäßig mit hochhackigen Schuhen herumlaufen, nicht nur unter deformierten Füßen und entzündeten und kallösen Fußballen leiden, sondern sich auch mit unzähligen anderen Leiden herumschlagen, darunter Probleme mit den Waden, Knien und dem Rücken. Und dennoch stöckeln Frauen im Namen der Mode weiterhin auf ihren hohen Absätzen herum.

Ist es da nicht ein Glück, daß die gegenwärtige Mode zumindest einigen Raum für Individualität läßt und Sie heute durchaus bequeme flache Schuhe oder niedrige Absätze tragen und dennoch modebewußt erscheinen können? Es stimmt, daß viele Männer hohe Absätze sexy finden. (Aus diesem Grund unterwerfen wir uns ja diesen Torturen und Unbequemlichkeiten.) Aber wenn Sie Ihr Leben wirklich einfacher gestalten wollen und noch immer hochhackige Schuhe tragen, weil die Männer in Ihrer Umgebung das attraktiv finden, dann ist es vielleicht an der Zeit, daß Sie sich andere Leute suchen, mit denen Sie Ihre Zeit verbringen.

Abgesehen von ihrer Unbequemlichkeit machen hochhackige Schuhe in Ihrem Schrank Ihre Kleiderauswahl noch komplizierter. Stellen Sie sich vor, wie einfach es wäre, wenn alle Ihre Schuhe die gleiche Absatzhöhe hätten. Das ist einer der wesentlichen Gründe, warum die Garderobe der Männer so viel einfacher ausfällt als die der Frauen: Sie können ganz bequem die verschiedensten Schuhe zum gleichen Anzug oder zu den gleichen Hosen tragen, ohne sich irgendwelche Sorgen um die Länge ihrer Hosen machen zu müssen.

Wenn Sie eine Weile den hochhackigen Schuhen abgeschworen haben, werden Sie nur noch Mitleid mit einer Frau haben, die auf hohen Absätzen die Straße entlangstöckelt. Und Sie wissen, daß, wenn ihr ihre Füße nicht schon jetzt weh tun, dies sehr bald der Fall sein wird.

92.
Entfernen Sie Ihre künstlichen Fingernägel und werfen Sie die Nagellackfläschchen weg

Zu den kompliziertesten und zeitaufwendigsten Aspekten der Hightech-Karrierefrauenmode der 80er Jahre zählten auch die langen, grell lackierten, falschen Fingernägel. Wenn Sie mal darüber nachdenken, gibt es kaum irgendeine kosmetische Prozedur, der wir uns je unterworfen haben, die mehr Zeit und mehr Geld kostet, die uns sowie die Umwelt durch die giftigen Dämpfe, die potentiellen Nagelpilze und andere Probleme mehr schädigt als der Gebrauch von falschen bzw. glänzend lackierten Fingernägeln.

Ganz offensichtlich hat die allwöchentliche stundenlange Beschäftigung mit dem Auftragen von künstlichen Fingernägeln inmitten von giftigen Dämpfen nichts mit der Vorstellung von einem einfachen Leben gemein. Gott sei Dank ist der Vampirlook außer Mode gekommen. Wenn Sie, wie ich, ein Fan dieser barbarischen Praxis waren, dann ist es jetzt vielleicht an der Zeit, allmählich die einfache Schönheit von gut gepflegten, naturbelassenen Fingernägeln schätzen zu lernen. Stellen Sie sich nur mal vor, Sie bräuchten nie wieder den Affentanz mitmachen, den es bedeutet, wenn Sie sich mit gerade frisch lackierten Fingernägeln ein Paar Nylonstrümpfe überstreifen müssen.

93.
Hören Sie auf,
eine übergroße Handtasche
mit sich herumzuschleppen

Falls Sie gelernt haben, die Natürlichkeit in der Mode zu schätzen, sollte Ihre Handtasche zu Ihren unauffälligsten Accessoires gehören. Am besten wäre sie eigentlich unsichtbar.

Wenn Sie das Gefühl haben, eine Handtasche dabei haben zu müssen, dann sollte sie sehr klein und über der Schulter zu tragen sein, damit Sie die Hände frei haben. Sie sollte gerade groß genug sein, damit Sie einen Ausweis, ein bißchen Geld und Ihren Lippenstift darin unterbringen können. Was sonst brauchen Sie denn wirklich auf Ihrem Weg zur Arbeit und wieder zurück oder für einen geselligen Abend außer Haus? All die anderen Dinge, können im Handschuhfach Ihres Autos bzw. in einer Schublade Ihres Büroschreibtischs aufbewahrt werden.

Natürlich haben die Hosen und Röcke und Jacketts Ihrer einfachen Garderobe (Nr. 22) Taschen, in die Sie in den meisten Fällen, wenn Sie unterwegs sind, ein bißchen Geld und vielleicht noch Ihren Lippenstift stecken können.

Wenn Sie noch nie das befreiende Gefühl hatten, keine riesige Handtasche vollgestopft mit Dingen, die Sie nicht oder nur selten benötigen, mit sich herumschleppen zu müssen – eine Handtasche, die fast immer von dem ablenkt, was Sie modisch tragen –, dann ist es jetzt an der Zeit, um damit anzufangen.

94.
Beschränken Sie Ihre Accessoires
auf ein Minimum

Ihre Accessoires können darüber entscheiden, ob Sie Ihrem modischen Erscheinungsbild zusätzlichen Glanz verleihen oder es ruinieren. Auch hier haben es Männer wieder einfach. Sie brauchen sich nur über eine Krawatte, vielleicht noch eine Krawattennadel, eine Brieftasche und Schuhe (die, weil sie fast immer dieselbe Farbe und Absatzhöhe aufweisen, genaugenommen keine Accessoires sind) Gedanken zu machen. Frauen müssen sich mit der Auswahl von Ohrringen, Halsketten, Armbänder, Broschen, Uhren, Halstüchern, Gürteln, Brillen, Handtaschen, einer Brieftasche, gelegentlich einem Hut, Strümpfen und Schuhen jeder erdenklichen Farbe und Absatzhöhe herumschlagen.

Und weil die Vielfalt dieser Accessoires keine Grenzen kennt und die richtige Kombination all dieser Dinge eine Kunst darstellt, die nur wenige Frauen beherrschen, haben die meisten von uns ein Problem mit der korrekt aufeinander abgestimmten Zusammenstellung, vor allem, wenn es um die Schuhe und Handtaschen geht. Wie oft haben Sie ein wunderbar kombiniertes Outfit gesehen, das durch die falsche Absatzhöhe der Schuhe oder eine Handtasche, die einfach nicht zum Rest paßte, zunichte gemacht wurde?

Die Mode, die immer »modern« ist, ist meist einfach und schlicht. Indem Sie Ihre Handtasche und hochhackigen Schuhe loswerden, ist der erste Schritt zu einer einfachen

Garderobe hin getan. Wenn Sie Ihren Schmuck auf ein Paar einfache, aber elegante Ohrringe reduzieren und den Großteil an restlichen Accessoires rauswerfen, erleichtert das die ganze Sache noch mehr.

ACHT

Auf den Punkt gebrachte Einfachheit

95.
Mieten Sie,
statt zu besitzen

In den letzten fünfzig Jahren wurde uns Amerikanern eingetrichtert, daß der Besitz eines Eigenheims die einzige Möglichkeit ist, um glücklich zu werden. Bei einer Umfrage haben 87 Prozent der Befragten zu Protokoll gegeben, daß für sie der Besitz eines Eigenheims wesentlichster Bestandteil der Erfüllung des »amerikanischen Traums« sei. Er rangierte auf der Werteskala noch vor einer glücklichen Ehe, einem interessanten Beruf, einem hohen Einkommen oder auch dem Besitz von viel Geld.

Angesichts der heutigen, mit dem Besitz eines Eigenheims verbundenen Kosten ist es vielleicht an der Zeit, diese Philosophie neu zu überdenken.

Wir haben Freunde, die kürzlich, so wie wir, größere Veränderungen in ihrem Leben vornahmen. Sie verkauften ihr Haus, ihre Autos und noch viele andere Dinge, kündigten ihre Jobs und gingen zwei Jahre auf Weltreise. Sie legten den Erlös aus ihren Verkäufen an und finanzieren nun daraus ihren sehr reduzierten Lebensstil.

Nach der Rückkehr von ihrer Weltreise erwogen sie kurz, sich ein anderes, kleineres Haus zu kaufen. Aber dann beschlossen sie, statt dessen ein Appartement zu mieten. Nicht nur, daß sie nun sehr viel weniger Geld für das Mieten einer komfortablen Wohnung ausgeben, als sie der Besitz einer vergleichbaren Räumlichkeit gekostet hätte, sie genießen jetzt auch wunschgemäß alle Freiheiten des Nichtbesitztums. Sollten sie nochmals für längere Zeit auf Reisen gehen wollen, brauchen sie zum Beispiel nicht darauf zu warten, bis sie ihre Wohnung wieder verkauft haben.

Doch am meisten hat sie die seelische Freiheit überrascht, die sie dadurch gewonnen haben. Im Gegensatz zu allem, was sie jahrelang glaubten, bedeutete der Besitz eines Eigenheims allmählich mehr eine Bürde denn eine Sicherheit. Wenn Ihr Haus Sie mehr Zeit, Energie und Geld kostet, als Sie aufzuwenden bereit sind, dann überlegen Sie sich, ob Sie nicht statt dessen etwas mieten wollen. Es könnte Ihr Leben sehr vereinfachen.

96.
Werden Sie Ihre Autos los

Freunde von uns, die in San Francisco leben, haben vor einigen Jahren ihre Autos verkauft, weil sie einfach zu viele Unannehmlichkeiten mit sich brachten. Das Parken in San Francisco ist immer ein Problem und zudem teuer. Und eigentlich brauchten sie gar kein Auto, von zwei Autos ganz zu schweigen. Beide können zu ihrem Arbeitsplatz zu Fuß gehen und lieben diese erzwungene Bewegung an der frischen Luft. Außerdem genießen sie es, sich nicht mehr mit dem Stadtverkehr herumschlagen zu müssen. Ist das Wetter schlecht, können sie einen Bus nehmen.

Ihre Besorgungen erledigen sie nun in ihrer unmittelbaren Nachbarschaft. Das Geld, das sie so beim Benzin, Parken, bei den Versicherungs- und Instandhaltungskosten, den Steuern und anderen Gebühren einsparen, können sie verwenden, wenn sie sich mal für ein Wochenende oder andere Zwecke kurz einen Wagen mieten müssen. Nach Jahren der psychischen Abhängigkeit von ihren Autos fühlen sie sich nun ungeheuer befreit, weil sie sich nicht mehr mit all diesen Problemen herumschlagen müssen. Jetzt, da sie nicht mehr über die »Bequemlichkeit« eines Autos verfügen, verwenden sie sehr viel weniger Zeit auf unnötige Spritztouren und machen das, was sie wirklich tun wollen.

Wenn Sie in einer Vorstadt wohnen, im Stadtzentrum arbeiten und die Transportmöglichkeiten der öffentlichen

Verkehrsmittel unzureichend oder gar nicht vorhanden sind, wäre die Abschaffung Ihres Autos wahrscheinlich nicht sehr sinnvoll. Aber falls Sie Ihr Leben so umgestalten können, daß Sie kein Auto mehr *brauchen*, könnte das ganz wesentlich zur Vereinfachung Ihres Lebens beitragen.

97

Schaffen Sie Ihr
Telefon ab

Als Teenager liebte ich das Telefon. Sein Klingeln war stets so vielversprechend. Als Erwachsene betrachtete ich das Telefon zunehmend als notwendige und lästige Unannehmlichkeit. Doch jetzt, da ich die Fähigkeit entwickelt habe, ein klingelndes Telefon einfach klingeln zu lassen und den Anrufbeantworter zur Sortierung meiner Telefonate einzusetzen, ist das Telefon im Haus zumindest zur tolerierbaren Angelegenheit geworden. Doch eine Freundin von mir hat ihr Privattelefon vor ein paar Jahren völlig abgeschafft und sagt, daß sie es anders nicht ertragen könnte.

Sie ist beruflich mit dem Verkauf beschäftigt und verbringt den Großteil ihres Tages ohnehin am Telefon. Und wenn sie dann am Abend oder Wochenende zu Hause ist, möchte sie auf gar keinen Fall noch mehr Zeit am Telefon verbringen. Ihre notwendigen persönlichen Telefonate kann sie tagsüber an ihrem Arbeitsplatz führen, und ihre Familienangehörigen und Freunde wissen, daß sie sie im Büro anrufen müssen, wenn sie mit ihr sprechen wollen. (Hier ist es natürlich hilfreich, wenn Sie Ihr eigenes Geschäft oder einen toleranten Chef haben.)

Klar ist, daß dies nicht für jedermann machbar ist. Wenn Sie Kinder zu Hause haben oder alte Eltern, für die Sie stets erreichbar sein müssen, würde das mehr Probleme schaffen als lösen. Aber machen Sie sich einmal Gedanken darüber. Wenn es sich für Sie aufgrund Ihrer Lebensweise nicht negativ auswirkt, zu Hause kein Telefon zu haben, sondern Sie sich dadurch einen Hort des Friedens und der Ruhe schaffen könnten, könnte die Abschaffung Ihres Telefons zur Vereinfachung Ihres Lebens erheblich beitragen.

98.
Hören Sie auf,
das Bett zu machen

Wenn's langt, um aus ihm rauszukommen,
langt's auch, um wieder reinzukommen.
– TANTE MYRNA, 1953

Zweifellos haben sich in den letzten vierzig Jahren die Vorschriften und Praktiken zur Führung und Aufrechterhaltung eines Haushalts etwas gelockert. Noch in den 50er Jahren wären ungemachte Betten schlichtweg undenkbar gewesen. Und Tante Myrnas Ausspruch wurde zumindest in unserer Familie schon fast als Häresie betrachtet.

Aber glücklicherweise haben sich die Zeiten inzwischen geändert. Wen kümmert's, ob ein Bett ungemacht bleibt? Wer sieht es schon? Eine gute Freundin von mir, eine unerschütterliche Anhängerin von ungemachten Betten, hat eine wunderbare Antwort parat, falls jemand ihr unordentliches Bett kommentieren sollte: »Ach, ich lüfte es bloß gerade.«

Ich habe diese Einstellung von ihr übernommen. Nicht nur, daß es so einfacher ist, auch habe ich ein herrliches Gefühl, wenn ich morgens aus dem Bett steige und keine zehn Minuten damit verbringe, das verdammte Ding wieder ordentlich zurechtzumachen. Das hebt meine Stimmung für den ganzen Tag. Und außerdem, warum sollten wir Geld für elegante und kostspielige Bettwäsche ausgeben, nur um alles wieder zuzudecken?

99.
Werden Sie alle
Zweitgegenstände los

Als ich mit dem College anfing, warf ich alle meine alten Pappnagelfeilen weg und beschloß, mich in die für mein damaliges bescheidenes Budget ruinösen Unkosten der Anschaffung einer rostfreien Metallnagelfeile zu stürzen, die garantiert mein ganzes Leben lang halten würde.

Ich mochte diese kleine Feile. Ich nahm sie fünfzehn Jahre lang auf meinen Reisen quer durchs Land und verschiedene Kontinente mit.

Als ich dann über ein eigenes Einkommen verfügte, wurde ich anspruchsvoller und kaufte mir ein halbes Dutzend von diesen Nagelfeilen. Ich wollte eine in meiner Handtasche, eine in meiner Schreibtischschublade, eine im Handschuhfach meines Autos, eine in der Nachttischschublade und so weiter haben.

Aber dann passierte etwas Merkwürdiges. Als ich nur eine Nagelfeile hatte, wußte ich immer, wo sie war. Als ich mehrere hatte, konnte ich keine finden, wenn ich sie brauchte. Im Laufe der Jahre entdeckte ich, daß dies auch für viele andere Dinge gilt.

Zum Beispiel weiß eine Person, die nur eine Uhr hat, wie spät es ist. Doch ein Mensch, der über zwei Uhren verfügt, ist sich da nie ganz sicher. Und was noch schlimmer ist, er ist zum Sammler geworden. Nun muß er sich nicht nur mit der Instandhaltung und Erweiterung seiner Sammlung befassen, jetzt muß er auch stets wissen, wo sich die einzelnen Stücke seiner Sammlung jeweils befinden.

Diese zusätzlichen Dinge können binnen kurzem alles sehr kompliziert machen. Ich habe mich schon vor langem meiner zusätzlichen Sammlung an Nagelfeilen entledigt und kürzlich auch das gleiche mit meinen Brillen, Sonnenbrillen, Füllfederhaltern, Schirmen, Taschenmessern, Hämmern, allen möglichen Spezialwerkzeugen und sogar auch meinem Zweitcomputer gemacht. Das hat mein Leben um vieles einfacher gemacht.

100.
Legen Sie sich eine sehr einfache
Garderobe zu

Wenn Sie es mit der Einfachheit *sehr* ernst meinen, dann habe ich noch einen guten Vorschlag für Sie.

Ein reicher Finanzmensch der Wall Street hat den Ruf, die einfachste aller Garderoben entwickelt zu haben. Er besitzt ein halbes Dutzend exakt gleicher Anzüge, ein paar völlig identische weiße Hemden und Seidenkrawatten und einige Paare schwarze Schuhe. Damit hat es sich. Das ist es, was er jahrein, jahraus trägt. Seine Begründung dafür ist die, daß er täglich so viele Entscheidungen zu treffen hat, daß er sich nicht auch noch Gedanken darüber machen will, was er anziehen soll.

Denken Sie darüber nach. Das oder Ihre eigene Variante dieser Idee könnte Ihr Leben nun *wirklich* vereinfachen.

Wir würden sehr gerne Ihre Lieblingsgeschichte über die Vereinfachung Ihres Lebensstils oder über Ihren Weg dahin erfahren. Schreiben Sie bitte an:

Elaine St. James
c/o Hyperion
114 Fifth Avenue
New York, N. Y. 10011
USA